思考停止の
日本人を撃つ!

わが憲法改正案

［新版］

西部　邁

ビジネス社

はじめに

　時代が膨らみ切って破裂するときがある。時代の曲線が極大値から極小値に向かって下降するときがある。人間は、自分たちの所属している文明が繁栄の絶頂に達しつつあると感じるやいなや、その文明の没落を予感せずにはおれない不幸な動物なのだ。また同時に、その予感を精神の糧にして、時代に新たな転換を起こそうと熱情をもって画策するという意味では、人間は幸せな動物だともいえる。

　時代の没落が宿命のごとき客観性をもって訪れるというのではない。それはほぼ主観のなせる業なのであって、ある時代に生きる人々はその時代の観念枠組のなかでしか感受力や思考力や想像力をはたらかせることができず、したがってそれらの力が当該の枠組の限度にまで達すると、あとはその枠組が瓦解《がかい》したり融解したりするのを俟《ま》つばかりとなる、それが没落のイメージである。そしてそのイメージを人々が共有するに至るや、実際に、時代の没落がはじまるわけだ。それが必然だとはいわぬまでも蓋然《がいぜん》であることは間違いない。

　そうなる所以《ゆえん》は、おそらく、時代というものにたいして人間が人生観的の意味づけを与えずにはおれないというところにあるのであろう。つまり、この世に誕生してから少年期、青年期、壮年期、熟年期、老年期を経てかならず鬼籍に登録される、という人生の物語を時代にたいしても当てはめるのが人間なのである。いいかえれば、死を意識することが人間の生に時間意識をもたらすのであり、その時間意識にはらまれる死の想念がかならずや、多かれ少なかれ、時代意識にも投影されるということである。

もちろん個人は死んでも集団は生きる。現世代のあとに後世代がやってくる。しかし後世代は晩かれ早かれ、現世代が十分には感得も理解もできぬ新しい観念の枠組をつくり出さずにはいない。その新奇さが充実であるのか衰弱であるのかは別として、ともかくも時代は変るのである。時代にそうした転換点が到来するのは、そのとき生きている少年、青年、壮年、熟年者そして老人のあいだの対話が途絶える場合である。言葉の動物でしかないものとしての人間にとって、時代の活力は異世代間の対話によって充塡《じゅうてん》される。友好的なものにせよ敵対的なものにせよ、対話があるかぎり、その時代はまだ余命を保っている。対話そのものが衰微するとき、時代にも死線がみえてくるのである。

考えてもみよう、「果てしない繁栄」を享受する時代など人間には想像することすらできないのだということを。時代の観念枠組に「果て」があることは疑いもない以上、「果てしない繁栄」とみえるものは、実は、その枠組のなかでの反復行為にすぎないのである。そして反復にいずれ退屈するのが人間のどちらかといえば悲しい性質であり習性だときている。退屈のあまり死を選ぶこともある、それが人間だということを忘れないほうがいい。

こうした退屈の霧を吹き払いつづけるのが優秀な時代ということであり、優秀な時代のみに「果てしない繁栄」をいう資格があるのだが、そのためには所与の観念枠組を不断に疑い、そうすることによってその枠組を休むことなく更新するのでなければならない。そんな難しいことが奏効するかどうかはさておくとして、いくぶん逆説的なのは、自己の優秀さを疑ってかかる時代だけが優秀でありうるということである。

時代の外に出なければ時代を疑ることができない。だがその「外」とは何処のことであろうか。少なくとも時代にたいする懐疑に根拠を与えてくれるようなものとしての、「外」は何処にあるのだろうか。外国という外部空間をもって「外」とみなすのは莫迦《ばか》げている。時代はすでにして国際化にさらされているのであり、外国とのかかわりでしか時代が成り立たないことについては今さらいうまでもない。また、未来という外部時間もまたさして頼りにならない。未来はまだやってきていないという当たり前のことばかりでなく、未来は現在において構成されるイメージにすぎないという事情があるからだ。現在を懐疑しようとするのに現在を根拠にしていてはどう仕様もないのである。

残るのは過去という外部時間だ。過去もまた現在において抱かれるイメージではあるのだが、過去が実在したことは否定すべくもない。そのことは、われわれの生命が過去世代によって産み出されたものであり、われわれの意識が過去の記憶に繋《つな》がれており、そしてわれわれの言葉が過去から伝えられたものだということをみただけでも明らかである。そうならば、過去という「外」

を探索することをつうじて現在という時代の観念枠組を懐疑するしかないのである。また、未来イメージをいかに形成するかに当たってすら、その過去への探索が物をいうのである。

もうわかっていただけたと思うが、「外」はわれわれの肉体と精神の「内」に、その深奥に、すでに突き刺さっているのだ。われわれの感情も思考も想像も、根底において、過去によって支えられている。「外」としての過去は、解釈をほどこされるや「内」に繰り込まれる。しかしそのたびに、過去の地平線は、いっそうの解釈を俟つものとして、遠くへ退いていくのである。

これもまた、「内」にたいする「内」による解釈なのであってみれば、いわゆる解釈学的循環を免れえない。しかしその循環は単純なものではない。それは、それをつうじて個人および社会あるいは人間および時代の真実を徐々に開示してくれるような循環である。この循環を正面から引き受けるかぎり、ハイデッガー流にいえばその循環に「正しく入り込む」かぎり、時代の活力がかろうじて保持されるのである。

さて日本の場合、戦後という時代が本格的な懐疑にさらされたことはないといってよい。「戦後を疑え」という声が社会の片隅から発しつづけられてきたことは確かであるが、それが人々の忽《ゆるが》せにできない主要関心事になったことはない。その端的な証拠として、戦後の観念枠組の表象にほかならぬ日本国憲法は健在なままでいる。その憲法を批判することをタブーも同然のようにして峻拒《しゅんきょ》するというのが、少なくとも世論における、戦後の振る舞い方である。

しかも困ったことに、その憲法は過去と断絶することを狙《ねら》っており、したがってその憲法の平面に安住していると、「外」が、あるいは「内の深奥」が、遮断されたままとなる。そうした状態のまま、というよりもその状態を利用するかたちで、戦後日本は技術という単次元を滑走し、そしてついに舞い上がった。過去を負い現在に懐疑を抱くという営みを余計として、切り捨てたおかげで、戦後日本は軽々しく飛翔している。

だが、雄蜂が空中の交尾という幸せを味わった直後に死んでしまうように、飛翔は墜落の始まりでもある。世紀末の日本をめぐってその予兆がそこかしこに、次第に羽音を喧《かまびす》しくさせながら、広がっている。それもそのはず、戦後日本はみごとに飛翔してみせてはいるものの、その飛行の目的地が那辺《なへん》にあるのか、まったく定かではないのである。一言でいえば、目的喪失の状態である。技術という手段にすぎぬものに過度に、しかも一次元的に、拘泥《こうでい》したため、つまりテクノマニアックになってしまったため、戦後日本は着陸の地点はもちろんのこととして、方向すらわからずに、やみくもに飛びつづけている。

この描写が誇張だとしても、戦後日本がまるで蝙蝠《こうもり》みたような姿で飛び回ってきたのはどうやら「価値の空洞」という洞窟のなかであったかもしれない、という思いが人々の心奥にひそかにせよわだかまりつつある。私はそのことを、ここ三年ばかり、日本の各地を旅烏《たびがらす》のように渡りながら、見聞させられてきた。その戦後にたいする不満の思いが大事なのだ。技術の恩恵をたっぷりと享受しながら技術に不満を投げかけるのは甘やかされた子供の所業であろうが、技術に身をあずけたおのれの醜態を嫌悪するのは立派な魂のはたらきである。

こうした思いの数々に一つの結節点を与えてみることを願って、以下、私なりの憲法論を認《したた》めてみる。日本国憲法は戦後的な観念枠組がつくられるに際しての原因ではないし、その結果のうちの最重要のものとも考えられない。問われるべきは戦後的精神の総体であるのだが、ただ、その観念的構築の総体のなかで憲法が一つの重要な蝶番《ちょうつがい》となっているのは間違いない。その蝶番を外すことに成功すれば、戦後的な観念枠組は、崩壊しないまでも、大きく傾き激しく揺らぐであろう。破壊主義は、保守的精神の系譜に立ちたいと考えている私にとって、最も忌避するところではある。しかし幸か不幸か、日本国憲法そのものが過去にたいする、そして過去のうちに埋もれているはずの真実にたいする、はなはだしい破壊を旨としている。そうならば、破壊の破壊は建設だと構えてもよいのである。

いうまでもなく、破壊の破壊が無秩序という名の単なる大破壊につながるということもありうる。戦後的な観念枠組からの離脱もまた漸進的にしか行わないというのが保守的精神の知恵というものなのであろう。しかし一文筆家のなす破壊工作の効果は高が知れているし、また具合のよいことに、憲法論議は「では、どんな憲法がよいのか」という建設的提案を含まねばならないような段階にまできている。つまり単なる破壊の言辞を弄《ろう》するつもりは私にはない。加えて、これは残念なことなのだが、日本国憲法という蝶番は今やすっかり錆《さ》びついており、それの取り外しは容易なことではない。ここはひとつ、蛮勇となるのを恐れずに、日本国憲法に勇気をもって攻撃を仕掛けるべきときだと思われるのである。

本書は一九九一年六月に徳間書店から刊行された『私の憲法論』を改題して二〇〇四年四月に小社より刊行した『わが憲法改正案』の新版である。一部誤解しやすい箇所に編集部注として注釈を加えた。

第一章

なぜいま憲法論議なのか

一　衆愚政治状況

＊――改憲論議が、平成十六年の春、にわかに現実味を帯びてきている。いうまでもなく、その切っ掛けは「自衛隊のイラク派兵」ということにある。この軍事政策が集団自衛に当たるかどうか、さらには日本国憲法は集団自衛行為を認めているのか否かといった論議が、自衛隊員に戦場での被害の生じる可能性という切迫した状況のなかで、少しずつ加熱してきているのである。

それにつれいくつもの世論調査が行われている。極端な場合、改憲賛成が八割に近づいている調査結果もある。だが、少し仔細《しさい》にみると、改憲要求のうちで上位にある項目は、首相公選のことを含めて、「国民投票制」への支持なのである。つまり、デモクラシー（民衆政治）を議会制という間接的なものからレファレンダム（国民投票）制という直接的なものに徹底化させよ、それが現代日本の民衆の根本感情であるらしい。

議会における討論と採決が世論によって大きく左右されるという形でのポピュリズム（人気主義）は、とくに日米の両国において、大きなうねりの頂点に達しつつある。そして、波頭がかならず崩れるようにして、ポピュリズムによって推進された政策は、アメリカのイラク侵略とその協力国の侵略加担が次々と挫折《ざせつ》するという顚末《てんまつ》にみるごとく、破綻《はたん》を来たしている。

それは直接型のデモクラシーがオクロクラシー（衆愚政治）へと転落する光景にほかならない。我が国の改憲論議もまたオクロクラシーのなかに放り込まれているのである。そうであればこそ、現憲法が「戦後民主主義」という名のオクロクラシーの土壌となっていることについて、今の改憲論議は一言も触れるところがない。また、そうしたオクロクラシーの発露としてイラク侵略への加担が行われていることについても一言もないままに、「自衛隊の憲法上の地位」や「自衛隊による国際貢献の在り方」を確定せよ、などといった改憲要求が声高に叫ばれている。

衆愚政治を招来しかねないほどの民衆政治への楽観、それはアメリカン・デモクラシーに特有のものだ。その特異な憲法思想をふんだんに盛り込んだのが日本国憲法である。そのことに深い省察を加えないかぎり、改憲論議は偏頗《へんぱ》きわまりないものに堕《お》ちていく。つまり、一方で、自衛隊派兵のような「状況適応」を容易にするための改憲がめざされ、他方で、現憲法の神髄である民衆政治への楽観をさらに推し進めるための改憲が企てられることになる。

わかりやすい例でいうと、侵略容認という（他国民への）差別思想と夫婦別姓承認という（異性との）同権思想とを混在させて恬《てん》として恥じない、それが現在進行中の憲法論議ときている。このように根本感情において不安定であり基本論理において不統一な人々をオクロス（衆愚）とよぶ。注目すべきは、今、日本社会の指導層が衆愚政治を率先しているということである。「無知は、物事をよく知っていると傲岸《ごうがん》にかまえている人間を襲う病気である」（ホセ・オルテガ）という診断を地で行って、政治家や知識人や経営者が、落ち着きのない感情に駆られ筋道の定かならぬ理屈を振り回しながら、改憲論議を指導せんとしている。というより、平成の御世に入ってからの一切の改革論議がそうした類のものであり、改憲論議はいわばその総仕上げにすぎない。いや、その仕上げは絶対に不可能なのであり、改革が進めばすすむほど事態が改悪されるという「平成の罠《わな》」に憲法問題もまたすっぽりと落ち込んでいるといわざるをえない。——＊

昭和の末年から平成の初頭にかけて、日本の大衆民主主義は衆愚政治とよばれて致し方ないような事態をたてつづけに現出させた。マスコミの情報解釈および情報伝達を中心にして編成される「世論の支配」、それがマスデモクラシーの基本性格であろうが、その世論がかつてない紊乱《ぶんらん》ぶりを示したのである。リクルート事件、天皇報道問題、消費税反対騒動そして中東湾岸戦争問題と数えただけでも、それらにまつわる世論が、量的な規模の大きさと上辺の仰々しさにかかわらず、いかに内容空疎なものに終始したか、改めて指摘するまでもない。騒ぎが終ってしまうと、なぜあれほど興奮したのか、騒ぎがいったいどのような経緯を辿《たど》ったのか、世人にはそれらのほんの断片しか思い出せないといった仕儀なのだ。衆愚政治という、本来ならば世人から多大の反発を寄せられて当然の言葉が事態にたいする当然の形容としてまかりとおったということそれ自体が、これらの騒ぎの途方もなさをよく物語っているというべきであろう。

しかも、この衆愚政治状況はいわゆる「世界史の地殻変動」のただなかにおいて発生したのである。中国の「天安門事件」、ソ連東欧のペレストロイカ、西欧のＥＣ統合あるいは日米経済摩擦の激化というふうに、第二次大戦後の「ヤルタ体制」が音立てて崩れていくのを横目にみやりながら、日本だけは戦後の観念枠組に自閉して、その枠組のラベルともいうべき「平和と民主」の言辞を逞《たくま》しうした。

世界から孤立して生きることなどができるはずもない技術大国・日本にとって、その「世界史の地殻変動」はいうまでもなく危機である。「平和と民主」はその危機から眼を逸らすための口実として遣われたのではないか。なぜといって、「平和と民主」という言葉が真剣に発せられるのは「戦争と専制」が眼前に広がっている場合であろうが、日本の国内事情はそのような危険から能《あた》うかぎり遠く隔たっているのだからである。「世界史の地殻変動」が日本にとって危機であるのはあくまで外面的の事柄である、つまり日本を取り巻く国際関係においてである。この間の「平和と民主」の叫びは国際関係に向けて吐かれたものではないのだ。

それは内面的には、大方の日本人が、自分らの心中にもたらされた巨大な「価値の空洞」に怯《おび》え、外面的には「世界史の地殻変動」が与える「危機の局面」に慌てたことの結果である。その空洞を充たす力量が欠如しており、またその局面を乗り越える能力も不足していると察知したとき、戦後日本人は戦後的な観念枠組のなかに退却することによって、一時の心理的安寧を得ようとした。だからこそ、一連の騒ぎの（今のところは）最後のものである湾岸戦争問題において、「平和憲法を守れ」という大合唱が突如として沸き上がったのである。

「平和憲法」なんぞは、自衛隊という名の軍隊が立派に存在し、日米安保条約という名の軍事同盟が立派に締結されているところからみて明らかなように、とうの昔に蹂躙《じゅうりん》されている。――＊現憲法の第九条は自衛隊と日米安保条約に違反している、それが日本国民の「国家の根本規範」つまり憲法にかんする常識となりつつある。――＊それを踏み躙《にじ》ったのは、少なくとも踏み躙るのを許してきたのは、ほかならぬ日本人である。それにもかかわらず「平和憲法を守れ」というのは、そういいつのることによって暫しの慰安を得たいからなのである。「平和憲法」あるいは「民主憲法」と俗称される日本国憲法が日本人の精神と行動にたいしギプスのごとき本格的の拘束を与えるのはむしろこれからであろう。「アメリカの傘」の下にあった戦後日本は要するに半人前の国家だったのであり、技術大国としてともあれ自前で国家の在り方と進み方を決めなければならないこれからは、国家の根本規範を自力で見定めなければならない。しかしその作業は戦後的な観念枠組をトータルに疑うことを必要とする。そこで怠業を決め込むための絶好の口実が日本国憲法である。つまり日本人は、戦後的な観念枠組のなかに自分らを幽閉すべく日本国憲法によって規範づけられているとみなせば、国家の根本規範を見直すというような困難に挑戦しなくてすむという次第である。

二　「戦後」の観念枠組

＊――昭和三十年頃に「もはや戦後ではない」といわれたにもかかわらず、平成の改革運動は「戦後の終焉《しゅうえん》」を旗幟《きし》としていた。だが、その運動の実相にはむしろ「戦後の完成」という形容がふさわしい。なぜといって、その運動を率いたイデオロギー（観念の固定された体系）は、あるいはその改革においてモデル（模型）とされたのは、日本の戦後を強く差配してきたアメリカ流の思考と制度なのだからである。

　事実、平成時代の到来とともに、政界をはじめとする各界の指導層がいっせいに戦後世代に移行した。戦前・戦中を体験した世代がこぞって引退に追い込まれていったのである。その意味で、平成改革を率いたのはアプレゲールつまり「大戦後派」なのであった。大戦後派が行おうとしているのは「ナショナルなもの」のほぼ最終的な破壊にほかならない。いわれるところの「構造」改革とは、日本列島にあるニッポン社会の骨格および輪郭から日本流を取り除き、それに替えてアメリカ流を社会の全面に持ち込むことなのである。

　実に奇妙なことに、いわゆる反左翼の陣営は「戦後的なるもの」を批判するに当たっては大いに激越であったし、また「国民的《ナショナル》なるもの」を称賛するについても過激ですらあったのだが、「アメリカ的なるもの」にかんしてはむしろ寛大を決め込んできた。その結果、反左翼によって攻撃されるのは旧くは社会主義的な流れ、新しくは市民主義的な動き、ということになった。それら新旧の趨勢《すうせい》に共通するのは平等主義であり、そしてアメリカという自由（競争）社会に著るしく欠けているのはまさに平等である。少し厳密にいえば、機会《オポチュニティ》の平等を大事とするが結果《リザルト》の平等には配慮しない、それがアメリカ社会の特徴となっている。

　結果の平等にこだわりすぎるのは平等「主義」であり、通常の言葉でいえば、これは「悪平等」しかもたらさない。しかし、結果の平等が何ほどか実現されていなければ、機会の平等は単なる形骸《けいがい》と化す。与えられた機会に挑戦するにはそれなりの力量が必要であり、そしてその力量はその人にどんな「結果」が与えられたかということと無関係ではありえないのである。

したがって、結果の平等が過度に軽んじられれば、社会のスタビリティ（安定性）が損われる。日本の「戦後」にあっては、平等主義という「ナショナルなもの」が残存していた。また平成に入るまでは経済成長が平等主義的な所得分配を可能にしてくれていた。そのおかげで、社会的安定性が世界に稀《まれ》な水準で保障されてきた。その結果、戦後日本における「アメリカ的なるもの」が隠蔽《いんぺい》されもしてきた。しかしこれからはそうはいかない。「ナショナルなもの」の溶解と経済成長の頓挫《とんざ》とによって、「戦後」を方向づけてきた「アメリカ的なるもの」が炙《あぶ》り出されるのだ。

憲法論でいえば、「アメリカ的なるもの」が色濃く滲《にじ》み出ているのは第三章の「国民の権利及び義務」においてである。そこで最大限に持ち上げられているのは「個人の尊重」と（自由権をはじめとする）「基本的人権」である。だが、これまでの改憲論において、第三章に濃厚なアメリカニズム（アメリカ的な思考の様式）が再検討されたのは皆無に等しい。そうであればこそ、アメリカ的な自由民主主義のほかには政治理念はありえない、というのが戦後の（過《あやま》てる）常識となってしまった。改憲論を第九条の防衛問題に封じ込めることなく、「国家の根本規範」たる憲法の中心をなすはずの「国民の権利と義務」にまで及ぼすこと、それが急務なのである。――＊

平和主義は国際問題についてのきれい事であり無責任である。というのも、「戦争がない状態」としての平和を達成し維持するためには国家が軍備をもつ必要があり、また大きな戦争を避けるためには小さな戦争をあえてしなければならぬこともあるというのは常識の部類に属する事柄だからである。日本がこの常識から大きく逸脱していることは、日本がイラクとともに湾岸戦争の敗者として位置づけられていることからも明らかである。また、そのことについて私は他所ではぼ十分に言及したので、ここでは繰り返さない。

一点だけ確認しておくと、湾岸戦争をめぐって「武力を手にするくらいなら自滅した方がよい」という絶対平和主義が世論の一部を公然と占拠したことである。この自滅の覚悟とやらは、むろん、普通の日本人が武力を手にしなければならぬような機会は見通すかぎりやってこないであろうということを勘定に入れた上での、いわば贋《にせ》の覚悟にすぎないが、それが「平和憲法」を盾にしていわれたことは見逃しにできない。つまり、戦争放棄、戦力不保持そして交戦権否認を内容とする憲法第九条は、現実を何ほどか踏まえた上での理想主義ということからさらに進んで、現実を一切無視したかたちでの空想主義の方向において解釈され始めた。空想を空想と知りつつ押し出すという前代未聞の世論の論拠として日本国憲法が利用されている。

「民主憲法」にしてもそうである。たとえば、「〔天皇〕の地位は、主権の存する日本国民の総意に基く」という憲法第一条後半部を利用して、皇室の儀式についてはおろか皇室の存続そのものについても、国民の代表機関である国会の審議にかけよ、という要求が世論の一角を占めた。そのような要求があることは一向に構わないが、それが「民主憲法」にもとづいてなされたことは注目に値する。つまり、いわゆる象徴天皇を規定した第一条前半部を否定してかかるほどに民主的な解釈が「民主憲法」にたいして与えられつつあるということである。

そして、この過剰なる民主主義はあらゆるルールに優先する格別の地位を世論にたいして与えつつある。民衆の運動がルール破りの集団リンチという形態をとろうとも、それが世論の支持を得ているならば、正当なものだとみなされるようになってきている。かつてはイエロー・ジャーナリズムが担当していた、たとえばプライバシーの暴露といったような不法の行為が、「言論の公器」を名告《なの》っている新聞・雑誌・テレビなどに出回っている。極端な場合、司法の独立性すらもが失われて、捜査や裁判が世論の動向によって左右されるということも起こっている。

要約すれば、「民主憲法」の内容よりも、その憲法によって醸し出される「民主的ムード」のほうが大事とされているということだ。ここで民主的ムードというのは、反権力的で親平等的な姿勢をもってよしとする態度のことである。そしてこの姿勢を正当化しているのが国民主権を標《ひょう》榜《ぼう》している「民主憲法」である。あれこれの集団リンチにおいて「法律によって裁けないのなら社会的制裁を加えよ」などと公言されるのは、法律よりも主権者国民の多数派の意見のほうが強制力が大きいとみなされていることにほかならない。

このようにムードとしての「平和と民主」を正当化する源泉が日本国憲法だとされている。国際問題にたいしては平和のムードをもって、そして国内問題にたいしては民主のムードをもって対処するのがここ半世紀近くの日本の習わしとなっている。そしてこれらのムードを支える人間観および社会観もまた憲法のうちに内包されているのである。つまり、「ヒューマニズム」の人間観と「進歩主義」の社会観がそれである。

ヒューマニズムは人間性を基本的に性善なるものとみなし、したがって人間の欲望を解き放つことについて楽観的となる。進歩主義は――その含意は多義的であるが、ここでは日本国憲法に含意されていることにのみ言及するとすると――社会を合理的に計画することが可能であり必要であるととらえる。進歩主義の最も極端な場合が社会主義となるのであるが、日本国憲法ではこの亜種としての福祉主義にたいする大幅の譲歩が行われている。つまり、国民の解放された欲望を確実に実現すべく政府が福祉政策に努力を注ぐ、それが戦後日本の基本線となっているわけだ。国民の欲望のうちに、たとえば嫉妬《しっと》のような、負の要素が存分に含まれているということは等閑視される。また福祉主義が、弱者保護の名目の下、悪平等をもたらすかもしれない可能性についても軽視される。

さらに、ヒューマニズムは生命尊重をもって第一義の価値とみなす種類の人道主義の温床となっている。人間にとって生命がたかだか手段価値しかもたぬこと、人間にとって本来的に重要なのは生命をいかなる目標のために駆使するかということにかかわる目的価値なのだということ、日本国憲法も日本の戦後世論もこの人間観における良識を失ったところに組み立てられている。

また進歩主義は技術大国としての日本の現状を無条件に肯定する風潮を生み出してもいる。進歩主義は、人間によって生み出される「変化」がかならず良き結果をもたらすに違いないというふうにとらえる。それが進歩史観である。それゆえ、変化を創造するものとしての革新的計画はなべて肯定され、その延長で、ビジネス体制のつくり出すイノヴェーションも、それがどれほど大規模でいかに急激なものであろうとも、おおむね歓迎される。一九五〇年代までの社会主義による革新は、それ以後、否定されるようになったものの、ビジネスによる革新は依然として肯定されつづけている。つまり進歩主義の技術的表現ともいうべき産業主義が疑われたことは戦後日本において無きに等しいのである。

技術革新を尊重するものとしての産業主義は、当然のことながら、旧きもの、持続せしものとしての伝統を破壊する。伝統が何であるかについてはここでは論及しないが、ともかく、人間の拠るべき目的価値が、少なくともそれへの接近法が、伝統のなかに示唆されていると考えてよい十分の根拠がある。産業主義は伝統破壊をつうじて目的価値の貯蔵庫をも毀損《きそん》するのである。その結果、ヒューマニズムが生命という手段にすぎぬものを第一義の価値としてしまうのと同じように、産業主義は技術というこれまた手段にすぎぬものに拘泥《こうでい》する態度を生み出す。

日本国憲法にはこうした手段性への執着をチェックするような規範は何ひとつ示されていない。戦前から不連続に飛躍しようという意図をもって作成された戦後憲法は、因襲を投げ捨てるだけでなく、目的性についての方向指示機ともいうべき伝統をも破壊したのではないか。目的価値の空無化に内心では怯えているはずの民衆がそれでもなお「憲法を守れ」というのは、そういう空無の状態が憲法によって正当化されていると半ば無自覚のうちに見当をつけているからなのだと思われる。

三 口実としての憲法

＊ ――アメリカは、「イラク統治はGHQ（日本占領の総司令部《ジェネラル・ヘッド・クオーター》）方式で」とか、「イラクにネーション・ビルディング（国家建築）を」とかいいつのっている。それは、何らかの青写真にもとづいて国家を新たに構築しようとする（F・フォン・ハイエクのいった）コンストラクティヴィズム、つまり「設計主義」に立ってのことだ。

国家といい社会といい、その形成については二つの互いに対立する考え方がある。一つはソーシャル・コントラクト（社会契約）の考え方であり、それによれば社会（あるいは国家）は合理的な人々による合理的な契約として形成されるとみなされる。いいかえると社会契約説こそが設計主義の思想的源泉だということである。もう一つはソーシャル・オーガニズム（社会有機体）の考え方で――有機体というのがいいすぎならば、有機的な存在という意味でオーガニシズムといったほうがよいかもしれない――それによれば、社会・国家は「歴史」の流れのなかで漸進的に「慣習」の体系として形成され、そしてその体系とは人々の価値・規範における葛藤《かっとう》を調整するための（徳律と法律とからなる）ルールの体系としての「伝統」の精神のことにほかならない、とみなされる。

いずれが国家論として有効であるかといえば、後者である。そう断定できる根拠は何か。それは、人間の合理性には「前提」が必要であるにもかかわらず、その前提は合理性から出てくるのではなく、国民の「歴史的なるもの」としてのルール感覚によって与えられるという点にある。

さらにいえば、憲法とはそうした国民のルール感覚を確認するものなのだ。

その確認の仕方には、イギリスが現在もそうしているように、歴史上に現れた様々な法律のうちで「憲法的な基本諸文書」はどれであるかを確定し、あとは慣例にまかせる、という不文憲法《アンリットン》のやり方もある。しかし多くの場合、その確認が明文化される。念を押しておくと、その成文憲法は国家設計のための設計図などではまったくなく、歴史という時間と社会という空間の双方において国民に共通《コモン》の感覚《センス》と観念《センス》とを認《したた》めた常識《コモンセンス》の明文化にすぎない。

かかるオーガニックな憲法観からすると、国民が自分らの常識を成文憲法に沿うように変える、という「戦後」の流儀は大いに改められなければならないということになる。たとえば、「国家には国防軍が必要と思うのだが、現憲法第九条第二項で〝陸海空軍その他の戦力は、これを保持しない〟と決められているので、日本は非武装でいくべきだ」などというのは論外である。国民の（安定的な）常識のほうこそが憲法となるべきであって、もし成文憲法がその常識に明確に反しているなら、改変さるべきは憲法であって常識であってはならないのだ。要するに憲法を盾にして常識を偽るようでは国家が歴史の軌道から外れてしまうということである。

なお、本書で「国家」とよんでいるのはネーション・ステート（国民《ネーション》とその政府《ステート》）のことである。その英語を国民国家と訳してきた学者流は大きな間違いである。その訳し方では、国家がネーション（国民）と別次元にあることになり、結局のところ政府という機構をさして国家とよんでいることになる。しかし日本語で国家という場合、そこにはすでに国民のことが含まれている。だから国家とは国、民の家、制（としての政府機構）のことだと解釈しなければならない。換言すると、国民として、政治の府（家）ではなく、国家に反逆するのは天に唾《つば》する行為だということである。

――＊

日本国憲法は国民にとっての根本規範であるよりも、規範を失って漂流しつつある民衆の自己正当化の口実となりつつある。おそらく日本国民の大半は、中等教育の段階で、「日本国憲法の基本精神は国民主権主義と平和主義にあり」というような託宣を教師から下されたことを覚えているだけにすぎない。それでよいのである。いちいち憲法に照らして自分の生活を律するなど異常の振る舞いというべきだ。根本規範は人々の生活の良識として定着しているべきものだからである。

奇妙なのは、むしろ、日本人くらい憲法のことを口にする国民も少ないだろうということである。それはたぶん、日常生活における規範の溶解・流出にひそかに不安を感じる人々が、それでもなお規範を求めて、人工的なるものとしての日本国憲法にすがろうとする姿なのだ。それが戦争において完膚なきまでに敗れた国民の自信喪失と他者依存の状態に由来するであろうことはすぐ了解できる。つまり憲法は「依存すべき他者」なのである。国民の内部から自発的に醸成された規範でない以上、それは便宜的利用に供されるしかない自己正当化の口実として利用されるのが落ちである。

憲法が真に根本規範として認識され、その認識を頻繁に確認するのが日本人の性癖だというのなら、その根本規範にもとづくものとしてのルールにたいする、つまり制定法と慣習法にたいする尊重の態度が確立されるはずだ。しかし戦後日本にあっては——戦前とてそうだったのであるが——「感情による支配」が目立つばかりで、「ルールによる支配」は未熟なままである。憲法が根本規範ではなく根本感情をさし示して悪いというのではないが、それは、当該の根本感情が歴史の大地にそして国民の生活の基盤にしっかりと根づいている場合にかぎられる。進歩主義もしくは産業主義の風潮のなかで歴史に断絶が生じ生活に亀裂が起こっていくという状態においては、「根本感情」なるものはむしろ流行の集団感情と等置される。そしてその転変しゆく流行に一貫性と正当性の口実を与えるもの、それが「平和と民主」および「ヒューマニズムと進歩」の外観である。その外観を保証してくれるという意味において、日本国憲法はまさに「観念枠組」となる。

大日本帝国憲法つまり明治憲法も、大略、類似の過程を辿って戦前の観念枠組となった。「天皇と軍国」の観念は、外観にすぎなかったといえばいいすぎであろうが、戦前の国民感情の深部にまで達していなかったと私はみる。もし達していたのなら、軍国主義から平和主義への、専制主義から民主主義への、あのように急激なる転換が生まれるわけもない。明治憲法第四条における「統治権の総攬」や第十一条における「陸海軍の統帥」を中心とする天皇大権もまた軍部支配の口実として利用されたのであった。時代に流行する集団感情のために憲法を利用するというやり方は日本にのみ独得というわけではないものの、日本近代史の通弊のようである。

それは、すでに多くの論者が指摘しているように、日本にとっての近代化は外部から強制されたものとして進行したということに深く関係しているのであろう。日本の近代化は前近代との激越な内発的抗争をつうじて達成されたものとはいいにくい。外部の諸般の事情によって外発的に誘導された、それが日本の近代化の基本特徴である。もちろん、そうした誘発に巧みに適応しえたのは、近代化の素地が日本の内部に備わっていたためだということもできる。しかしそれが外面的刺激にたいする適応であって、内面的衝動にもとづく選択でなかったことは否定すべくもない。

もし明治維新にあっては前近代との、敗戦に当たっては戦前との、激しい葛藤・相克がみられたならば、逆に、前近代や戦前のやり方にも容易に廃棄し切れない価値が含まれていることを知りえたのである。そのように古い価値を保持することとの対比で新しい価値の切実味をよく理解しえたはずであろう。だが、日本人の得意とする「適応としての生」の方式にあっては、外面と内面のあいだ、あるいは新しさと古さのあいだにおいて危険な平衡を保とうとする「危機としての生」の方式は育ちようもなかった次第である。

戦後についていうと、焦土の雰囲気と硝煙の臭いがまだたち込めていたころは、「平和と民主」そして「ヒューマニズムと進歩」は国民の心身を麻痺《まひ》させる魔語でありえていた。しかし、日本経済が高度成長に入るあたりから、それは魔語から空語へとはっきりと変った。つまりそれは集団感情の単なる外被、単なる口実に変じたのである。

だがその外被としての戦後的観念は恐るべき流通力を有している。その流通力に仮託していれば、いかなる「感情による支配」もすみやかに正当性を確保できるという仕組になっている。日本国憲法はあたかも戦前の天皇の位置に据えられている感が深い。つまり、それはいささかならず聖的な領域におわしますものとされ、それによって意味される内実はほとんど不明なのだが、国民が自分らの意見に最終的な正当性さらには正統性の御印《みしるし》を与えたいと思うとき、かならず引用される護符、それが戦前の天皇であり戦後の憲法なのである。

その意味で、日本は今も「象徴の王国」である。またそれは言語的動物としての、というよりも意味的動物としての人間の逃れがたい観念の仕組を日本が端的に表現しているということでもある。問題は、「平和憲法」あるいは「民主憲法」とよばれる象徴が歴史の試練によって鍛えられた豊富で堅固な象徴内容を指示せず、単なる象徴表現、単なる符牒《ふちょう》に縮退している点である。逆にいうと、世論が単なる符牒によって司られているあいだは、たとえばセンセーショナリズムやコマーシャリズムにつらぬかれているうちは、日本国憲法は世論にたいする強力な支えとなるということだ。しかしそれらの象徴の意味が深刻に問われざるをえない状況に至れば、日本国憲法は反故《ほご》も同様の扱いを受けざるをえないであろう。その反故になおもこだわるものは治産者としての能力を疑われることになる。たとえば、国際面において戦争状態に直面する場合、そして、国内面においては自由を抑圧したり平等を制限したりする必要が不可避的に高まるような場合にあっては、「平和憲法」も「民主憲法」も流通力を失って全き空語に堕ちざるをえないのである。

四　アメリカナイゼーション

＊——反左翼を自称する人々のうち圧倒的な大多数が親米派である。そして、おおむね親米路線を走っていた「戦後」の現状を維持する、それが「保守的」であるとみなされてもきた。一言でいうと、アメリカナイゼーションの方向を進むのが反左翼的であり保守的であるというのである。

だが、保守という政治的立場にかんする最も適切な定義は「歴史の流れ、慣習の体系、伝統の精神」を保ち守ることである。現状維持を保守とみるのが大きな間違いであることは、歴史の流れからの飛躍、慣習の体系にたいする破壊、そして伝統の精神への軽侮に満ちているような（戦後日本のような）大いに革新的な現状を維持するのも保守なのか、と問うてみれば、すぐわかることではないか。

また左翼という立場にかんする元来の定義は（フランス革命期の国民公会の左翼に座席があった）急進的自由主義者のことを意味していた。その当時、社会主義は目立った政治勢力にはまだなっていなかったのである。その後、自由主義をさらに促進しようとしたとき、階級社会の壁が立ち塞《ふさ》がっており、その壁を取り払うには階級闘争が必要である、と認識されるところから社会主義が立ち現れたのであった。

左翼とは、自由・平等・博愛・合理という価値のカルテットを急進的に実現させようとする立場のことだといえよう。換言すると、左翼とは近代「主義」あるいは純粋近代主義のことである。そして近代「主義」の実現には二つの方途があって、その一つはアメリカ型の文明に顕著にみられる（競争を重んじる）個人主義であり、もう一つが（旧）ソ連型の文明に典型をみた（計画を重んじる）社会主義である。

米ソの冷戦構造は左翼同士のいわゆる内ゲバであったのだ。その抗争を、戦後日本の知識人は保守と革新のあいだの闘争と見誤った。それで親米保守などという畸型《きけい》の思想が出来上がったのである。自由・平等・博愛・合理という（価値の路線をひた走るものとしての）左翼は、規制・格差・競合・感情という現実のカルテットを軽んじるため、放縦・画一・偽善・技術（主義）という負価値の状態を結果してしまう。次に理想主義から現実主義へと反転して規制・格差・競合・感情を過度に重んじ、結局は、抑圧・差別・酷薄・人気（主義）という負の現実をもたらす。アメリカ型のといいソ連型のといい、左翼思想は放縦・画一・偽善・技術と抑圧・差別・酷薄・人気のあいだの往復運動に明け暮れしがちなのである。

必要なのは、自由と規制のあいだの平衡としての活力、平等と格差のあいだの調整としての公正、博愛と競合のあいだの協調としての節度、そして合理と感情のあいだの均衡としての英知を保守することである。活力《ヴァイタリティ》・公正《フェアネス》・節度《モデレーション》・英知《ウィズダム》という（理想と現実のあいだの）バランス感覚は歴史感覚、慣習意識そして伝統精神によって鍛えられる。そのことを重視するのが保守的ということであり、そのような保守精神は（歴史が浅い、というより歴史感覚を重んじないような時間的経緯にあった）

アメリカでは育ち難い。はっきりいって、親米保守とか親米反左翼という立場にある者の精神は倒錯している。

そうした倒錯を最も具体的に表してくれるのが、アメリカ製の日本国憲法を左翼思想の牙城《がじょう》として親米派が攻撃する、という件《くだん》の光景である。現憲法への批判は戦後日本のアメリカナイゼーションへの批判とならざるをえない、それが道理というものではないか。そのアメリカナイゼーションを肯定しつつ改憲論を触れて回るというのは政治思想の錯乱といわれて致し方あるまい。

——＊

日本国憲法は、他国の憲法と比較してみるとすぐ判明することだが、表面では、勝れた体系性と明晰《めいせき》性を誇っているようにみえる。とても日本語とは思われない直訳口調が随所にみられることをさておくとすると、それはたしかに子供にでもわかるような分明な体裁をとっている。しかし、このわかりやすさが曲者なのである。外と内そして旧と新のあいだの微妙な平衡の知恵こそが国家の根本規範だとなれば、その知恵にたいする文章表現に迂回《うかい》や屈折や曖昧《あいまい》が生じるのが当たり前である。過度に単純な原理によって人間と社会を裁断しようとすることの結果、それが文章表現における体系性と明晰性となる、というのは大いにありうることだ。そしてそのことが日本国憲法に現に起こったのである。

そうなった所以および由縁は、日本国憲法の狙いが日本のアメリカナイゼーションにあったという点にある。詳しいことは次章に譲るとして、敗戦国日本はアメリカの建前上の原理に膝《ひざ》を屈したのであった。その原理とは、平等主義と福祉主義であって、前者は民主主義の極端な形態であり、後者は進歩主義の極端な形態としての産業主義のさらに露骨な形態である。一言でいえば、産業によって得られる物質的な福祉を社会の成員に均霑《きんてん》させよ、それがアメリカ的の原理である。それがアメリカの建前にとどまるというのは、彼の国の平等は「機会の形式的平等」を主眼としており、「結果の実質的平等」は蔑《ないがし》ろにされがちであるという事実、そしてアメリカに特有の強烈な個人主義が産業技術のシステムの円滑な運行としばしば衝突するという事実をみれば明白であろう。

日本国憲法にはすでに述べたように平和主義が謳《うた》われているが、それは旧来の日本を好戦国と見立てて、その好戦国から戦力と交戦権を取り上げて、アメリカの軍事的庇護《ひご》の下におこうとするものにすぎない。またヒューマニズム（人道主義）の色彩も濃厚であるが、それは国民をなべて平等に扱うという平等主義に吸収される程度のものである。さらに、日本国憲法では個人主義や自由主義も称揚されてはいるものの、それらを掣肘《せいちゅう》するものとしての全体的秩序については「公共の福祉による制限」という一語があるのみで、したがって「個人の自由」なるものの正体は「物質的利得の平等分配を要求する権利」のようなものにとどまっている。そういう次第で、日本国憲法を貫徹するのは「平等と福祉」の思想だといって差し支えないのである。

戦後日本はアメリカ的建前の純粋化という方向に走ったのではないか。そして、その純粋化路線ならば、日本はその上を順調に進むのに十分な力量をすでに備えていたのである。つまり、いわれるところの日本的集団主義もしくは日本的経営方式は産業のシステムに大いに適合的であり、そしてそれは産業の成果の平等分配を前提とするような方式だということである。戦前の伝統主義や国家主義といった制約が敗戦によって取り払われたおかげで、そしてアメリカナイゼーションという目標が与えられたせいで、日本的集団主義は「平等と福祉」の軌道を疾走することができるようになったわけだ。

この軌道は日本国憲法によって敷設されたものではない。戦後日本人がアメリカの表面を真似ることを目標として、自分らの元来の集団運営能力を発揮してみたとき、それが「平等と福祉」の路線を結果し、それがアメリカ人によって作成された純アメリカ的なる憲法の精神と合致したというだけのことである。この意味では、日本国憲法は戦後日本人のうちに定着しているといってもよい。したがって、戦後という時代の大きな「価値の空洞」が穿《うが》たれているとしても、それは憲法のせいではない。空洞はアメリカの表面を真似ることとそれ自体のうちに、また日本的集団主義に疑いをさしはさまないこととそれ自身のうちに胚胎《はいたい》していたのである。その国民精神の内的な空洞に気づかないかぎり、外的に与えられた憲法を修正したとて詮《せん》ない話であり、そもそも憲法改正が実現するわけもない。

換言すれば、憲法について批判的に議論するということは、戦後日本人の行動目標としての表面的なアメリカナイゼーションの愚かしさを抉《えぐ》ることであり、その行動方法としての旧態依然としたジャパニーズネスの凡庸さを撃つことである。とくに現在がそれをなすべき時期である。日本が技術大国になりおおせるや、目標としてのアメリカナイゼーションは意味をなさなくなっている。また「平等と福祉」が世界に冠たる水準に達するや、平等に近づけば近づくほどまだ残る僅《わず》かな格差に嫉妬をつのらせるという意味での「平等のなかでの焦燥」と、福祉が高まれば高まるほどその福祉をいかなる目的のために使用すべきかわからなくなるという意味での「福祉のなかの退屈」とが増しつつある。つまり集団主義におけるジャパニーズネスが手段価値にのみかかわるもので、目的価値については敗戦時の呆然《ぼうぜん》自失と本質的には変らない状態に据えおかれている。この目標喪失そして価値喪失の欠落感を日本国憲法によって補おうとする動きにたいしては、その憲法こそがそうした喪失状態の模写図にほかならないのだと指摘しなければならない。

ところで、戦後日本には時として反米の気運が高まる。「アメリカに追随するな」がその標語である。そこに敗戦のトラウマ（精神的な外傷）が、つまり、夥《おびただ》しい戦争犠牲者のことを強いて忘れて戦勝国にすり寄った自分らの態度にかんする釈然としない気持ちが、込められていることは推察に難くない。またそこに、民主主義の一つの系としての反権力主義のポーズがみられもする。つまりアメリカはまだ世界にたいする覇権を手放してはおらず、その権力としてのアメリカにたいしてみかけの上で反発してみせるという欺瞞《ぎまん》が日本の反米主義に含まれている。しかし「アメリカに追随するな」というのなら、それはまずもって、アメリカの製作にかかわる日本国憲法にたいして議論を仕掛けるということでなければならない。自分たちの国家の根本規範をアメリカにつくってもらっていて、対米追随を批判する資格があるわけがない。この当たり前の筋道を押さえることがそろそろ必要なのではないか。

五 西欧近代化の表裏

＊――モダン・エイジ（近代）を創り出したのは、イギリスを先頭とする西欧である。しかし近代という時代はモダニズム（近代主義）一色によって塗りつぶされていたわけではない。フランス大革命という（歴史にたいする）大破壊が弊害多いものであったという自省にもとづいて、西欧の近代は、その中心にモダニズムがあることは否めないとしても、その右翼に過去志向のプレモダニズム（前近代主義）を、そしてその左翼に未来志向の、主として人間の想像力に期待を託した、ポストモダニズム（後近代主義）を併せ持っていた。

端的にいって、西欧の近代思想史は近代主義への懐疑によって彩られている。E・バークによるフランス革命への批判、S・キルケゴールによる無神論への批判、A・ド・トックヴィルによる民主主義への批判、J・ブルクハルトによる進歩史観への批判、F・ニーチェによる合理主義への批判、G・ル・ボンによる群衆心理への批判、G・チェスタトンによる近代知識人への批判、O・シュペングラーによる技術主義への批判、J・ホイジンガ、J・オルテガおよびK・ヤスパースによる大衆社会への批判、T・エリオットによる価値相対主義――価値の絶対的基準などはありえないと積極的に主張するやり方――への批判、L・ヴィトゲンシュタインによる近代科学哲学への批判、F・フォン・ハイエクによる社会設計主義への批判、M・オークショットによる（政治における）合理主義への批判。このように数え上げただけでも、西欧にあって近代主義への疑念がいかに強いものであったかが窺《うかが》われよう。

西欧における近代主義への信念のほうは、一方は西方に流れてアメリカニズムとなり、他方は東方に流れてソヴィエティズムとなった。我が国に流入してきたのは、それら近代主義への信念のいずれかであるにすぎない。近代主義への信と疑を平衡させるためにこそ保守思想が要請されるのだ、という西欧の姿勢はついに理解されることはなかったのである。

西欧のものにもまして長期的かつ安定的な歴史を有するのが我が国なのであってみれば、あの大戦争における大敗戦のトラウマがなかったとすると、近代主義に暴走することもなかったであろう。その暴走の典拠とされた日本国憲法の全面的改正も、もっと早期に、手掛けられたであろう。たとえば、議会制民主主義は民衆にたいする信と疑の境界に打ち立てられるのだ、ということが憲法意識の中心に据えおかれたに違いない。つまり、民衆は自分らの代表者の人格（経験と識見）を判別できるほどには聡明《そうめい》ではあるが、しかし政策への評価（分析と予測）をきちんとなしうるほどには賢明とは思われない、という認識に立ちえたはずである。

そうなっていれば、改憲論にあって直接民主制を礼賛するなどといった暴挙に赴かなくてすむということになる。それどころか、現憲法が国民の権利観念を肥大させて義務観念を縮小させていることへの反省が促されたであろう。改憲論にあってそうした声がほとんど聞こえてこないのは、明治以降の近代化にあって、とくにあの大敗戦のあと、西欧近代のごく表面をしか参照して

こなかったことの帰結であると思われる。――＊

日本国憲法が「問題の憲法」であるのは、それがアメリカの表面を模写したところにあるのだが、そのアメリカ文明が実は西欧の表面を模写するところに成立したものなのである。模写の模写、表面の表面、そのほか何といってもよいのだが、西欧文明の上澄液の純粋培養、それが戦後日本の文明だといってよい。西欧といっても多岐にわたるので、とりあえずイギリスのことを念頭に浮かべてみよう。民主主義といい平等主義といい、その先達はイギリスである。しかしイギリスは階級制を残存させるのにも熱心であった。階級的抑圧は、それが一定の範囲内にとどまるならば、むしろ社会に制度や品位を与えるものと評価されたのである。産業主義といい技術主義といい、その始祖はイギリスである。しかしイギリスは、第一次産業革命が終了するとすぐといった調子で、反産業主義の世論に傾いていった。産業主義が社会を適度にキャッシュネクサス（金銭連関――カーライル）に陥らせ、またテクノマニアックに追い込むと予想したからである。

総じていえば、西欧は、近代化にたいし、表面における信仰と裏面における懐疑という二重の構えで対処しようとしたといえるであろう。それゆえ近代化の速度は、少なくともアメリカや日本とくらべると、漸進的なものにならざるをえなかった。近代化を軽信するものの方がその速度において急進的となりうる。しかしその急進性とは近代化のマイナス面にかんする無頓着《むとんちゃく》のことなのである。

日本国憲法くらいこの軽信を素直に表明しているものも少ない。その体系性や明晰性は近代というものにたいして疑念を抱くことを知らない精神の幼稚さの反映である。その草案を執筆したアメリカ人も幼稚であったが、それを神棚に奉った戦後日本人のほうがもっと幼稚であったのだ。敗戦直後においてそうしたのは、それが戦争に敗れるということであるのだから致し方ないとしても、「もはや戦後ではない」と宣言した一九五五年からすでに三十五年も閲《けみ》しているというのに、神棚の前で柏手を打つというのはまったくどうかしている。

もちろん、現代の日本人はハイテクノロジーやハイインフォメーションやハイイメージのとめどない流れにさらされて、近代というものにたいし徐々に虚無を感じている。そうであればこそ、ポストモダンなる動きがみられもするのであろう。しかし、モダンにたいする軽信の果てにもたらされるポストモダンなるものは、実のところ、スーパーモダンであるにすぎない。つまりモダンの動きをより加速的に、より多方向に、拡散させよという類のものだ。結局、近代にたいする軽信と虚無とを適当にないまぜにしてその場しのぎをする以外の暮らし方を戦後日本人はまだみつけていないのである。

西欧の少なくとも一部にみられたように、近代は歓迎されつつも拒絶されたという二重性にもっと注目すべきであろう。近代をその平均値でみれば、それは民主主義や産業主義といったような平板な図柄になっている。しかしそれを総体としてみれば、近代という時代のうちに前近代の伝統を保とうとする動きや後近代の想像に跳ぼうとする動きが含まれていたのである。そうした近代の多面性もしくは重層性をくぐり抜けるのでなければ、真に近代を生きたことにはならない。

日本国憲法はいわば「贋《にせ》の近代化」の宣言文である。「平等と福祉」は、平等が達成され福祉が実現されたあかつきには、単なる空語に化すのみならず、「焦燥と退屈」の因となる。日本国憲法はその近代化の逆説を弁《わきま》えていない。実際にあった近代という時代は、イギリスにその近似値をみるように、その逆説に配慮している。そしてその配慮が伝統というものにたいする多大の関心となって彼の国の慣習法のうちに蓄えられているということができる。

日本国憲法について批判的に議論するということは、近代という時代のもつ多面性・多層性を思い起こすことである。仮にポストモダンという新たな時代がやってくるのだとしても、それは近代のもつこうした複合的性格を乗り越えたものでなければならない。日本国憲法にかんする論議は、それゆえ、近代文明についての思想論というかたちをとらざるをえないのである。アメリカ経由でこの島国に注入された西欧文明の上澄液を認めた上での憲法批判は、せいぜいのところ、技術的なものにとどまるであろう。たとえば、第九条をめぐって「非武装中立は非現実的である」と指摘したり、第一条をめぐって「象徴天皇の存在は日本国民の文化的一体感を確認するのに有効である」と主張したりするのがそれである。

明治憲法についてもそうであったが、憲法をもって「不磨《ふま》の大典」とみなすのは間違っている。いうまでもなく、ひとたび国家の根本規範だとして宣明されたものが簡単に覆されるわけもないのだが、表面的な文明観、歪曲《わいきょく》された人間観あるいは偏頗《へんぱ》な社会観にもとづいて書かれた憲法は、それにたいする真剣な議論の積み重ねによって、いわば磨滅させられるべきものである。

六　危機管理能力の欠如

＊――二十一世紀の初年に勃発《ぼっぱつ》した九・一一テロルは、現在における文明の危機がどれほどの深さに達しているかを、いわゆる平和惚《ぼ》けを続けてきた我が国にたいしても、はっきりと告知した。

政治、経済そして文化における普遍的な世界的基準《グローバル・スタンダード》が「具体的」な形で存在しうるし存在すべきであるとするグローバリズム（世界主義）は、第一に、各国の国民的《ナショナル》な価値・規範の基準を溶けて流れさせる。その意味でのナショナリズムの動揺は各国民の精神の心奥においてニヒリズム（虚無主義）の水位を高めさせる。虚無主義の蔓延《まんえん》とは生き甲斐と死に甲斐の喪失のことにほかならない以上、第三に、各国民のうちに（宗教的なものをはじめとする）理念の次元におけるファンダメンタリズム（原理主義あるいは根本主義）を助長させる。そして原理主義を実際に普及させるのが困難であるからには、第四に、理想と現実の大きな隔たりを一挙に飛び越えようとする営みとして、テロリズム（非合法の武力行使つまり暴力主義）が勢いを増すこととなる。

このような因果において、（基地あるいは根本ということを意味する）アルカイーダなる国際テロル組織が、グローバリズムをユニラテラル（一国単独）に強行するがゆえにイムペリアリズム（帝国主義）への傾きを強めていたアメリカ合衆国の中枢部を襲撃した。この九・一一事件は、対外的にボーダーレス（国境なき）状態を放置したのみならず対内的にディレギュレーション（規制緩和）を推し進めていたアメリカの、危機管理能力の欠如を露呈した。しかしそのことの確認をさせておいて、アメリカはリタリエーション（報復）に突入し、アフガン侵攻に続けてイラク侵攻を実行したのであった。

だが、後者のイラク侵攻はアグレッション（侵略）とよばれて致し方のない軍略であった。というのも、イラクが大量破壊兵器を製造・保有しているとかアルカイーダと深い関連を有しているとかいう容疑は、決定的に証拠不十分な代物にすぎなかったからである。

日本は、日米「同盟」なるものを優先させるとして、その侵略を肯定し、さらにはイラク復興への人道支援と称して、自衛隊派兵をもってその侵略に加担した。ここに、侵略つまりヘゲモニック・プリエムプション（覇権的先制攻撃）を禁止する、という国際法の根幹がアメリカとその同盟諸国によって公然と侵犯されたわけである。それは我が国の国内法の根幹である日本国憲法を、というよりそれにもとづく日本国民の規範意識を根底から揺るがさずにはいない。なぜといって、集団自衛権の行使すらが許されないとされてきたような未熟きわまる憲法解釈の状態のただなかで、侵略加担が遂行されているのだからである。

日米間のアライアンス（同盟）の実情は、日本の対米属国化を強化するものにすぎない。そのことへの反省を一切欠いたままに侵略加担が行われるのはなぜであるか。一般的には、セーフティ・アンド・サヴァイヴァル（安全と生存）を国家にとって第一義の課題とする防衛論者（あるいは国際関係論者）の言い分が罷《まか》り通っているからである。だが、自衛隊法の第三条にすら、自衛隊の任務は我が国の「平和と独立」を守ることにある、と定められているのだ。つまり「独立」ということに着目するなら、国家の「安全と生存」が大事なのはそのインディペンデンス・アンド・セルフレスペクトつまり「自立と自尊」を守らんがためなのだ、と知らねばならない。もし自立と自尊を投げ捨ててよいというのなら、アメリカの完全な属国となるのが日本の安全と生存に最も有効な方法だということになってしまう。

また、特殊的には、北朝鮮のやってきた日本人「拉致《らち》」に効果的に対処するにはアメリカの協力が不可欠だ、だからアメリカのイラク侵略にも加担せざるべからず、というのが日本政府（および国民世論）の見方である。しかし、イラク国民の（大量）犠牲において日本国民の（少量）救済を図るというのは、国際法律の基礎となるべき国際慣習のとうてい受け入れるところではない。また北朝鮮問題にかんするいわゆる「六か国協議」の大勢も、拉致問題は日朝の二国間協議で行うべし、と構えている。つまりその主要課題は北朝鮮の核武装問題であるとみなされているのである。

核武装問題と拉致問題を分離することに日本みずからが賛成してきたのはどうしてか。それは、日本に「自主防衛」の構えが乏しいからである。自主防衛のことを真剣に考えるなら、自国の核武装についても考慮しなければならない。そして、みずからの核武装を国際社会に受け入れさせるには、みずからに侵略の意図も実績もないことを国際社会に知ってもらわなくてはならない。

北朝鮮の核武装が阻止さるべきであるのは、その国が（他国民にたいする拉致行為にみられるように）

侵略的な性格を有しているからである。そのようにとらえれば、北朝鮮について核武装問題と拉致問題は内的に連関しているとわかる。したがって拉致問題は「六か国協議」の共通課題とならざるをえない。この単純な脈絡すらが見失われるのは、ひとえに、我が国に自主防衛の構えがなく、それゆえ核武装のことを他人事とみなしてきたからなのだと思われる。

こうした危機管理の（能力どころか）意識におけるあまりにもの未発達、それが日本国憲法の改正を妨げてきた。今、対米協力を円滑に進めるためにその第九条の改正が取り沙汰《ざた》されているが、矯正さるべきはそうした対米依存の姿勢そのものだといわなければならない。――＊「平和と民主」であれ「ヒューマニズムと進歩」であれ、人間の生や国家の歴史を無事平穏なものとみなしがちである。それもそのはず、平和、民主、ヒューマニズムそして進歩といった言葉のすべてが、そしてそれらから派生する類似語のすべてが、調和のイメージによって彩られているのである。

だが、人間の生も国家の歴史も緊急事態に放り込まれるときがある。もっといえば、生も歴史もつねに危機をはらんでいるのであって、それが調和の外観を呈するのは、危機をやり過ごすための知恵が法律や慣習のかたちで社会のなかに装備されているからにすぎない。しかし、動態的な社会つまり変化する社会にあっては、既存のルール・マナー・エチケットによっては、少なくともこれらにかんする既存の解釈によっては、平衡をうまく維持できないような事態が出来《しゅったい》する。それが緊急事態である。

日本国憲法は緊急事態の発生を予想していない。したがって、とりわけ「戦争と平和」という国際関係における危機の問題に直面したとき、いわゆる「解釈改憲」によって日本国憲法の枠組の外に暗黙のかたちで踏み出す以外に方法がなかった。その挙げ句、たとえば自衛隊や日米安保条約の存在について、それらは「違憲合法」のものであるとみなそうという嗤《わら》うしかない解釈が憲法学者によって編み出されるというようなことすら起こっている。それらが違憲なら、それらを認めている法律もまた違憲のものであるという常識はこの国では通じないのである。

解釈改憲とは、要するに、危機認識というものをもたぬ憲法のなかで危機管理を何とかやり抜くための便法にすぎない。ルールは、何らかの割合で、破られることを前提にしている。その前提があればこそ、国内では、警察署や裁判所のような制度が存在するのである。国際社会においては、国際ルールそのものが未整備であり、また国際ルールの侵犯にたいする警察や裁判の体制はそれ以上に不備である。したがって、「ルール不在」および「ルール侵犯」としての危機は国際問題においてより深刻な様相を帯びる。日本国憲法にはそうした危機にたいする認識も準備も欠けている。そうならば、憲法改正をするまでは、解釈改憲でいくしかないというのが現実的要請というものだ。

問題は解釈の態様である。ある憲法条文は——たとえば日本国憲法第九条は——まったく妥当性をもたないという意見が思想、学問そして世論の過半数を占めつづけているなら、そしてそのことにまつわる憲法改正が諸般の事情のため——たとえば日本国憲法第九十六条が改正発議には「各議院の総議員の三分の二以上の賛成」が必要であるという過酷な条件をつけているという事情のため――不可能だというのなら、その憲法条文は死語とみなされて当然である。悪法もまた法なり、という言種《いいぐさ》が有効であるのは、その悪法が社会の多数派によって承認されている場合のことだ。社会の多数派が認めないルールが社会の多数派を支配するというのでは、「ルールによる支配」そのものが存立根拠を失うのである。その意味で、解釈改憲は一つのありうべき憲法的態度だといえる。

ただし、「ルールによる支配」に徹するかぎり、解釈改憲が妥当であるためには二つの条件が必要だと思われる。一つは、当該の条文を死語とみなす理由が明示されることである。二つは、解釈改憲の国民的意志が長期にわたって持続すること、つまりそれが「時間の効果」――時効――をもつことである。第一の条件は、集団のルールが集団の感情によって左右されるのを拒否するためのものである。第二のそれは、国民的意志もまた誤謬《ごびゅう》を免れえないものであると考えた上で、ある意見の妥当性の根拠を「経験の重さ」に求めるのである。

日本における解釈改憲はこれとは別様のものである。それは、条文の文章にたいするこじつけ解釈や既成事実の押し付けを多分に含んだかたちでの解釈改憲だといって過言ではない。それゆえ、たとえば自衛隊という違憲の、少なくともその虞《おそ》れの大きい存在を、四十年にわたって認めておきながら、憲法改正反対を叫びつづける、それが世論の大勢だということになっている。

国際関係における危機にかぎらず、国内においても、既存のルール体系をほぼ全面的に転覆するものとしてのいわゆる「革命」が生じるかもしれない。実際には、革命の可能性は見通すかぎり零というべきであろうが、国際関係の紛糾につれて擬似革命くらいの出来事が生じないとは誰も断言しえない。そうした国内的危機にたいする認識も準備も日本国憲法にはないのである。

みずからを国家の「根本規範」と位置づけるからには、いかなる憲法も自己の絶対性、永遠性もしくは超歴史性を主張しはする。しかしそれは虚構なのだ。虚構と知ればこそ、憲法改正のことが規定されてもいるのである。もっと広くいえば、憲法は規範にすぎず、それにもとづいて制定される法律も規則にすぎない。つまり「ルールによる支配」は、そうした規範や規則を、制裁を受けることを覚悟の上で侵犯するものたちがいることを予定しなければならないのだ。それを予定しないというのなら、一切の制裁が不要となる道理である。そして、ルール侵犯が大規模かつ激甚となるのが危機である。この危機を克服する構えがないのなら、憲法は自己の永遠性を虚構することすらできず、そんなものを国家の根本規範とみなすわけにはいかないということになる。つまり、憲法それ自体が危機に陥ることがありうることを認識できず、それゆえ危機のなかの憲法を救出する構えがないという意味で、日本国憲法は自己管理能力をあらかじめ放棄しているのである。

七　保守思想の必要性

＊――「親米」であることは、少なくとも文明思想の根本にあっては、「保守」の思想に真っ

向から背反することであり、また「反左翼」の思想にも根本から違反することである。ところが我が国の現在では、保守陣営や反左翼陣営に属する人々の大半が親米を名乗るという醜態をさらして止むことがない。

政治思想における保守とは、すでにみたように、歴史の流れと、そこで形成され来たった慣習の制度と、そこに内蔵されている伝統をとくに、保守することを意味する。アメリカには、独立以来、すでに二百年余の「近代史」があるとはいわれるものの、その近代史そのものが歴史の切断、慣習の軽視そして伝統への無関心に彩られてきた種類のものにすぎない。そうならばアメリカにあって保守思想はおおよそ育ちようがない、少なくともそのことを自覚していないような（アメリカにおける）自称の保守思想は贋物である、といってさしつかえないのである。

これもすでに言及したことだが、アメリカ型文明は、近代「主義」の個人主義派という意味で、左翼の一方の極に位置している。だから、親米保守と同じく親米反左翼もまた、思想的錯乱を病んでいる。彼らの病理がとくに明確に発症するのは、アメリカが草案を書いた日本国憲法とアメリカの肝煎《きもい》りで作られた教育基本法を「革新的にして左翼的な戦後」をもたらした思想的元凶と批判する際においてである。そこには、アメリカニズムの思想がたっぷりと盛り込まれているのであるから、親米派の憲法論や教育論は思想の分裂症を呈するほかないということだ。

両法に盛り込まれているのはアメリカにおける特異な左翼思想だ、というのは言い逃れにすぎない。（F・ルーズベルト大統領の）いわゆるニューディールに参集したのがソフト・ソーシャリストとでもよばれるべき連中で、彼らの思想が日本国憲法と教育基本法に露骨に示されていることは疑いようがない。だがニューディーラーとてアメリカの産物なのである。そうであればこそ、アメリカン・フリーダムとアメリカン・デモクラシーを普遍的かつ具体的な価値・規範の基準として世界に押しつけるという流儀は、イラク侵略を敢行したいわゆるネオコン（新保守主義）の一派にあってすら、つらぬかれている。

　ネオコン説によれば、第一に「世界は無政府《アナーキー》であり」、第二に「アメリカ政府は統一的《ユニタリー》にして合理的《ラショナル》であり」、第三に「確率的《プロバビリティ》な予測の下でゲーム論に戦略《ストラテジー》を決定する」とされる。この三種の前提そのものが保守思想の受け入れるところではないのである。保守思想の世界観では、国際社会には（弱いながらも）国際慣習とそれにもとづく国際法律があり、各国の政府は（国内の多様な政治勢力を反映して）不統一であり（国民の感情的な世論のせいで）非合理であり、国内外に（確率を想定できる）短期未来の危険《リスク》のみならず（非確率的な）長期未来の危機《クライシス》が待ち構えている、と考えられる。

　こうした葛藤に苛《さいな》まれていればこそ、国家はサイバー（情報制御による舵《かじ》取り）によってだけではなくガヴァメント（組織管理による舵取り）にも依拠するかたちで運営されるのである。そしてその舵取りが困難な作業であればこそ、伝統精神による平衡感覚が保守思想による国家運営の中心に据えられることになる。はっきりいってネオコン一派にはこうした保守思想の意味合が少しも理解されていない。

　我が国でも、一億総保守化といったようなことがいわれている。「戦後」のアメリカナイゼーションを国民が（それゆえあらゆる政党が）こぞって受け入れることをさして総保守化とよんでいるのである。これは保守思想の何たるかについて「戦後」がほぼ完全に無知であったことの現れといってよい。そんなところで改憲論議を行っても得られるものは少ない、とすぐ見当がつく。

——＊

ルールは、歴史的発生としては、様々の経過を辿る。だがその論理的発生の源泉つまり法源はどのようなものであろうか。とくに日本国憲法の場合、戦前と戦後のあいだに歴史的不連続を生じさせることを企画したせいで、この論理的なかかわりでの法源のことが重要な論点にならざるをえないのである。

法源については二つの見方がある。一つは人間の理性的能力に期待をかけて、ルールの体系が理性的に構築されるとするものである。もちろん、体系といっても、ルールの場合には特定の価値判断にもとづく規範・規則の体系である。ルールにかんする理性主義的な見方は、きわめて普遍性の高い価値判断を樹立する能力が人間の理性のうちに備わっているとみるわけだ。その最もわかりやすい場合が、自然法の採用である。完璧《かんぺき》に合理的な秩序が価値と事実の両次元にあるとして、次にそれを発見する理性的能力が、少なくともその発見へと漸近していく理性的能力が、人間に具備されているとするのが自然法の見方である。

留意すべきは、ここで「人間」というのは、現在におけるルール策定者のことをさしているという点である。というのも、人間が完全理性に向かって逐次進歩しているとみなすからには、現在においてルール策定に従事している人間のほうが、過去のそれとくらべて、より大きな理性的能力をもっているということになるからだ。これが革新思想というものである。

もう一つの見方は、人間のパーフェクティビリティ（完成可能性）を否定し、それゆえ現在においてルール策定にかかわるものの理性的能力に疑念を差し挟み、その代りにルールにまつわる過去の経験を参照しようとするものである。つまり、過去の諸世代も現在の世代と同じく道徳的および知性的能力において不完全であったことを認めつつ、しかし、長きにわたって持続してきたルールのうちには——いいかえれば時効と化したルールのうちには——不完全な諸世代たちがそれでもなお依拠せずにおれなかった伝統の知恵が含まれているとみるのである。これが保守思想にほかならない。

日本国憲法はいうまでもなく前者のルール観に立脚している。ルールの法源を人間理性のうちに見出しているのである。そのことについては今不問に付すとしても、頷《うなず》くことができないのは、戦後日本で保守といった場合、それは、日本国憲法を根本規範として発展してきた戦後の現体制を保持するということをさしている点だ。

ビジネス体制におけるイノヴェーションをもたらしているのもまた革新思想であることに注目すれば、技術大国日本の現在は革新思想によって塗りつぶされているといっていいすぎとは思われない。そのようなものとしての現体制を擁護するのが保守思想だというのは明らかに倒錯である。同じく、革新的なるものとしての現体制に反対するというのも倒錯である。

私は保守思想に与《くみ》するものであるが、私のいう保守とは至極簡単で、伝統の知恵を保守するということである。いうまでもなく、伝統の知恵が何であるかを判別するのは現在世代の理性の力によってである。しかし保守思想のいう理性は革新思想のそれとは異なっている。後者が自己の自立的理性を信じるのにたいし、前者はそれを疑うがゆえに、いわば過去との対話のなかで自己の理性のもつ不完全さが矯正されるのを期待するわけだ。またしたがって、過去との対話をつうじて自分らが策定したルールが無謬であるとか無謬に近いとか思い込むようなことはない。憲法についていうと、それを「根本規範」として位置づけはするが、それがあくまで暫定的な仮説であることをあらかじめ認めてかかるのである。

さて、日本において保守政党と目されている自由民主党は、その綱領に「自主憲法制定」を掲げてはいるものの、それはほとんど空文句になり果てている。自由民主党員のうちの少なくない割合が平気で「憲法擁護」をいう御時世なのだ。日本に真に保守的たらんとする政党はないといったほうが適当なのである。それは致し方ないとしても、革新政党を名告る野党が次第に発言力と支持者を失い、いわゆる「総与党体制」が進行し、そこから政権交代の可能ないわゆる「保守二党体制」が生じる赴きである。私もまたその方向を積極的に支援したいと考えている。しかし「保守二党体制」が現実のものとなるとき、革新体制を擁護するのが保守であるというような倒錯した理解が踏襲されてよいものであろうか。真の保守思想がどんなものであるかが多少とも煮詰められたかたちで議論されるのでなければ、いわれるところの保守勢力は二党に分かれることは叶わぬのではないだろうか。

私の見通しでは保守二党は自由党と民主党（編集部注・かつて存在した民主党とは別物である）という名が適当なような布陣となるであろう。民主党のあり様についてはすぐ見当がつく。現在の与党（自民党）と野党（社会党その他）の双方の革新思想の中間をいくのが民主党であり、それは平等主義と福祉主義にたいして好意的な政党となるであろう。問題なのは自由党である。それはいうまでもなく自由主義を提唱するのであるが、無政府主義でない以上、それは自由の相対としての秩序のことにかんし定見をもたなければならない。秩序の根幹はルールであるが、ルールの法源を人間理性に求めるのであれば、それは革新思想に立つことであり、そんなことでは民主党との区別が不明瞭《ふめいりょう》になる。自由党は、おそらくは、保守思想にはっきりと傾くことにより、伝統の知恵というかたちで歴史のなかで自生してくるルールを大事とし、そのルールのなかでの自由を最大限に発揚することをみずからの綱領的立場とするであろう。

これは近未来にかんする政治展望である。そしてこの展望に具体性を与えようとすると、日本国憲法について議論することが必要となるであろう。革新思想の権化ともいうべき日本国憲法を少なくとも思想のレベルで超克するのでなければ自由党の誕生など覚束《おぼつか》ないのである。そしてこれは、政党関係者のみならず、日本国民全体の政治意識の問題でもあるのだ。日本国憲法は、国会の立法や政府の行政にたいして手枷足枷《てかせあしかせ》となっているだけではなく、国民の政治意識の覚醒《かくせい》にたいする障害物ともなっている。そのことが明白になる時期はそう遠くないと思われる。

＊――いや、いわゆる政治改革は、それ以後も迷走を続け、その結果、（自民党を中心とする）与党も（民主党を中心とする）野党も、保守主義の何たるかを完全に忘却して、こぞって日本国家のアメリカナイゼーションに狂奔する始末となっている。――＊

八　ルールによる支配

＊――ルールの本質は、徳律にあっても法律にあっても、（殺すなかれ、盗むなかれ、騙《だま》すなかれといったような）「禁止の体系」という点にある。ということは、禁止されなければならぬ性悪な所業をなす可能性が人間性に含まれている、と認めることである。だがこれは性悪説に全面的に与《くみ》することではない。なぜなら、ひとたびルールが形成され、そしてルール侵犯にたいして道徳的かつ物理的な制裁が加えられるということになったら、ルールの網の目をくぐろうと奔走する者は社会の少数者にかぎられるであろう、と想定している点では性善説を取り入れてもいるからである。

より一般的にいえば、リーガル・マインド（法的精神）は、個人の生活においても集団の制度にあっても、さらには諸国家の国際関係についてもプライヴェート・マインド（私人的精神）とパブリック・マインド（公人的精神）のあいだの葛藤があることをよく承知している。逆にいうと、公と私それぞれの精神において個（人性）と集（団性）のあいだの矛盾が伏在しているということである。

ルールはそれらの矛盾を（与えられた状況のなかで）解決すべく構想される。たとえば、公人性の次元における個と集の矛盾は法律によって調停され、私人性の次元における同様の矛盾は徳律によって調整される。また個人性の次元における公と私の矛盾は会話のマナーによって平衡させられ、集団性の次元におけるそれは審議・採決の規律によって均衡させられる。それらが首尾よく進行するかどうかはともかくとして、そうしたルールの体系が人間間、地域間、国家間に張り巡らされていてはじめて、世界はオーダー（秩序）によって取り仕切られることになる。

留意すべきは、ルール形成の原点は「徳《ヴァーチュウ》における矛盾」にこそあるという点である。たとえば、正義という徳は、過剰に及ぶと専横となるので、思慮という徳が必要になる――反対にいうと思慮はいきすぎると卑怯《ひきょう》になるので、正義という徳が必要になる――。正義と思慮という矛盾をはらんだ二つの徳目のあいだで平衡をとることを可能にするルール、それが品格ということなのである。また勇気という徳は蛮勇になりがちなので、節度という徳が要請されるので――反対にいうと節度は臆病に至りがちなので、勇気が要請されるので――勇気と節度という葛藤に満ちたものを統合するルールとして賢明さが求められるということなのであろう。そうした平衡・総合の知恵は歴史的なるものとしての伝統の精神によって示唆される、とみるのが保守思想の要諦である。

その意味で、国家の根本規範たる憲法は、本来は、伝統精神の貯蔵庫でなければならない。ところが日本国憲法は、また社会契約説にもとづくあらゆる憲法が、この「伝統による価値葛藤の平衡」という視点を欠いている。そのかわりに、人権といったような「人工的かつ一元的な価値原理」にもとづいて、規則の演繹《えんえき》（一般的な前提から持続的な結論を導くこと）が行われている、それが近代「主義」（あるいは左翼主義）の憲法であり、その見本がアメリカの軍人たちが人為的に起草した日本国憲法なのである。

そのことを是正したとしても、徳律と法律のあいだに矛盾が発生したらどうするか、という難問が残る。憲法は、本来、国民の共通道徳としての徳律を、法律における葛藤処理の基準たらしめよう、とするものではある。つまり徳律と法律を媒介するのが憲法なのだ。しかしそうした媒介が不可能になる場合がある。とくに近代社会では、国民における利害葛藤が複雑に変化していくので、「合徳だが不法」あるいは「不徳だが合法」という行為が少しずつ目立ってくる。

それにつれ憲法の地位は不安定になる。換言すると憲法秩序が危機に見舞われるのであり、そこで、憲法の機能を停止させなければならない状態としての「非常事態」のことを憲法のなかに組み込む、という曲芸師的な――つまり自己を否定してみせることで自己の存在を肯定する――やり方が要求される。その非常事態が我が国にはない。それは、我が国の非常事態にはアメリカが対処してくれるはずだ、と暗黙に想定されているからだ。その意味でも現憲法は対米依存という戦後的な枠組のなかにあるのである。――＊

普遍的な、あるいは普遍性を装う、宗教やイデオロギーによって統御されるような時代は、少なくとも文明とよばれる生活様式を取り入れた国々においては、昔日のものとなった。＊――

文明が虚無主義の温床となるという経緯のなかで、宗教やイデオロギーの原理に向かって遡及《そきゅう》する動きもみられるが、それは少数派の反乱といった程度のものにとどまっている。――＊文明のおそらくは最後の知恵として「ルールによる支配」が行われるようになったのは、人間が徳的および知的に不完全を免れることができないと知ったからである。人間たちは、放置されたままでいると、互いに傷つけ合い裏切り合い、悪用し合い騙し合うような始末になりかねない。かならずそうなるというのではないが、物質的のであれ精神的のであれ、有限のパイの分配をめぐる争闘の可能性をつねにはらんでいるのが人間社会である。しかし、そのような人間性についての半ばの絶望に立ちながらも、なおも他者との関係に半ばの希望をもってかかわっていくのが人間でもある。「ルールによる支配」とは、この絶望と希望の狭間《はざま》にあって、人間のなしてはならぬ――もしそれをなせば制裁が加えられる――禁止事項の体系を定めることだ。

そして「ルールによる支配」は今や国際社会にも少しずつ定着しようとしている。様々な国家のあいだの相互依存と相互反発の複雑な関係は、かつては、武力や金銭によって清算されることが多かった。ここでいう清算とは、ルールを前提としない個別の解決ということである。しかし、中東湾岸戦争が国連決議にもとづいて遂行されたことに端的な例をみるように、グロティウス注(一)以来の国際法の観念が国際社会の舞台に、今のところはまだ脇役にとどまってはいるが、登りつつある。

確認しておくべきは、国際ルールは国際紛争の消去ではなく解決を担うにすぎないということである。つまり、異なった国家のあいだに葛藤が絶えないと見積ればこそ国際ルールの必要が認知されるのである。また、国際ルールの形成に当たっても諸国家のあいだの葛藤は尽きることがないであろう。公平な第三者が国際社会の外にいて、国際ルールを授けてくれるわけではないのである。

しかし事がルールの問題だということが明示されていれば、国益を剝《む》き出しにしたかたちでの国家エゴイズムは、ある程度、防止されよう。なぜなら、短期の視野の下で国益に拘泥するのは、自国を国際社会のなかで孤立させ、それは長期の視野の下ではかえって国益を損じることになるであろうからである。ほかの言い方をすると、国際ルールが安定したものになるのは、各国の長期的国益のあいだに均衡が見出されるときだということだ。

もちろん、この均衡が容易に達成されるとは思われない。とくに、国民の生活水準において最低保障すら獲得できていない国家は、そういう状態を許しているような国際ルールに信をおくわけにはいかないであろう。つまり、ルールが安定したものになるもう一つの条件は、そのルール社会に参加している構成員に、他の構成員と積極的に関係を取り結ぶことができるという意味での活動力が保障される、ということである。そしてそれは、当該の構成員にとってのみならず、ルール社会全体の活動性を高めることでもある。

このように考えたとき、技術大国日本には国際ルールの形成に向けて貢献すべき課題が多く宛てがわれているということになる。そして、冒頭に述べたように、ルールの問題にあっては物事にたいする仕分けと筋道をはっきりさせることが肝要であり、その仕事は主として言葉によってなされる。

ここでも日本が国際ルールの形成に貢献するに当たって、日本国憲法を抱えているということが障害となるであろう。この憲法は、体系性と明晰性の背後に、欺瞞《ぎまん》と偽善を隠しもっている。国内世論が「感情による支配」をつらぬくために承知の上で認めてかかる欺瞞と偽善も、国際世論にあっては指弾されること請け合いである。ルールというものについては首尾一貫した言説を組み立てようとすると、日本国憲法にたいして批判的たらざるをえないわけである。国際社会は「平和と民主」あるいは「ヒューマニズムと進歩」といった類の甘い言葉で対処できるような甘い社会ではない。たとえば、国内向けの「平等と福祉」にまつわる言説を国際社会でも吐きつづけるなら、日本の国益などたちどころに毟《むし》り取られていくのが落ちであろう。また、平和主義の美名の下に戦争状態にある友好国にたいし高みの見物を決め込めば、日本が類似の状態にさしかかっても国際社会はそれを冷淡に眺めているという具合になるであろう。

ともかく日本人は、政治家や官僚にかぎらず一般庶民にあっても、ルール意識をもっと鮮明にしなければならない。国内で互いに通じたことにして流通させている紋切型の感情論は国際社会では一文の値打ちもないということになりがちなのである。国際社会では共有感情が希薄なためにかえって、国際ルールの必要が、その困難にもかかわらず、強く意識される。少なくともそういう時代に入りつつあることは確かである。そういう国際社会に日本が漕《こ》ぎ出そうとすると、いきおい、日本という舟が、その櫓《ろ》が、そして櫓を持つ日本人の手までもが、日本国憲法によって侵蝕《しんしょく》されていることに気づかずにはおれない。正確にいうと、その脆《もろ》さは憲法のせいではなく日本人の感じ方、考え方そして振る舞い方に由来するものなのだが、その弱さを慰撫《いぶ》してくれるものとして日本国憲法があるからには、その保護膜に穴を空けることがまず先決となるわけなのだ。

九 相対主義という妖怪

＊――自由主義は、それだけでは、かならずや「徳性と知性」におけるレラティヴィズム（相対主義）をもたらす。つまり、道徳も真理も、それを論じる人の欲望や立場に依存して、相対的なものにすぎないというのである。もちろん相対主義は、徳性・知性の絶対的基準を具体的に規定しうるとみなすアブソリュウティズム（絶対主義）と比べれば、人々を自由にしてくれはする。

しかし、コミュニケーション（意思疎通）においては、（自分のとは異なった）他者の意見を理解するということが起こる――というよりその理解をめざして意思疎通が行われる――。そうなると、（当初の）自分の意見と（自分の理解した）他者の意見のあいだの（優劣関係をはじめとして）位置関係を見定めなければならず、そのためには位置測定の基準が必要だということになる。

そうした基準を求めるのは絶対主義への志向である、とはいえ、その基準についても様々な意見があるのであってみれば、相対主義はどこまでいっても消え失せることはない。結局、相対主義のなかで絶対を求めざるをえず、絶対主義のなかで相対に止《とど》まるほかない、という精神の往復運動から人間は自由になれないのである。その往復運動における知恵ある走行法、それは伝統によってしかもたらされない。そのことが暗示されるような文章になっていなければ、成文憲法としては失格である。相対主義が完成するのは、他者を理解しようとはしないという意味での個人「主義」においてである。現憲法は、その意味での相対「主義」を、自由とか権利といった観念を多用することによって、絶対化している。

しかし、他者理解をあらかじめ排除するのでは、人間は（人間関係を失うという意味での）失関症にかかる。それだけでなく、感情が人間の関係のなかで育まれるものであるからには、失感症に陥らざるをえない。現に、失関（＝失感）症者が大量発生しているのが日本の現代社会だといって過言ではない。

民主主義も、それだけでは、「多数参加の下での多数決制」ということでしかない。もっといえば、それは少数派を排除する制度でしかなく、その排除にして過酷ならば、少数派はレジスタンス（抵抗）権の名の下に体制そのものへの反逆に起ち上がる。ディスカッションつまり「討論」が民主主義に不可欠だというのは、多数派もフォリビリティ（可謬性、つまり間違いを犯しうるということ）と無縁でおれない、ということを意味している。少数派のほうが正しいと判明するかもしれない、このことを実地に試してみるために討論が行われるのである。その点で、アメリカにおいて広がりつつあるＰＣ（ポリティカル・コレクトネス、つまり「政治的に正しい」として多数派の意見に寄り添ったり、少数者保護によって抵抗を緩和したりするやり方）はきわめて有害な考え方である。それは道徳・

真理の基準を政治的な力関係にゆだねることであり、それがもたらすのは少数派の絶望感もしくは依存心くらいのものである。

このようにリベラルデモクラシー（自由民主主義）の底が抜けつつあるのに、日本国憲法がその典型であるように、現代に流通している政治的理念は自由民主主義のみである。自由と民主（平等）とそれぞれについて、もしそれらが国民的な常識という支えを失ったら、放縦と画一に堕ちていくことはすでに述べた。その放縦を（道徳と真理にかんする）相対主義によって弁護し、この画一をPCという（政治的な）相対主義で擁護するのは、すでにして（物事の真っ当な基準なんかは「ない」《ニヒル》と宣言するという意味での）虚無主義《ニヒリズム》の言説である。日本国憲法こそはそうした虚無主義のバイブルにほかならないのだ。――＊

だが日本国憲法はいったい何処にあるのか。文献としては国会の議事録に、最高裁の法規集に、学校の教科書にあるのであるが、思想としての憲法は国民の日常生活における言動のうちに取り憑《つ》いている。私たちの世代がまだ少年であったころ、自分の欲望が阻止されるような状況になると、「そんなのは憲法違反だ」と抗議するのが習慣であった。憲法を読んだこともなく、読んでもわかりもしない子供たちが自分らの欲望の盾として憲法を用いたのである。

事情は、現在も、大人の社会にあってすら、変ってはいない。日本国民が欲望主義を振りかざす背景には、相対主義という現代における思想の妖怪《ようかい》が大きく手を広げている。価値と認識における絶対的基準の探索を放棄し蔑視《べっし》するのが相対主義であるが、世界を隈《くま》なく徘徊《はいかい》しているこの妖怪は日本という島国をこよなく愛好しているようだ。それは、まず、敗戦によって空虚となった日本人の心のなかに忍び込んだ。次に、物質面、技術面そして金銭面の膨張によって密度を薄くした日本人の精神のなかに棲《す》みついた。

もし相対主義に忠実に沿うならば、異なった欲望のあいだの選択が不可能になり、人間は、あっさりいえば、死ぬしかない。死に至らないとしても、異なった言説のあいだの選択が困難になり、人間は失語症にかかる。異なった振る舞いのあいだの選択もできなくなり、人間は人格崩壊にはまる。したがって、死者や病者になるのを避けようとすると、相対主義をたかだか擬似的なものに、みせかけの振りに、とどめておかざるをえない。そこで選択基準としてひそかに持ち込まれるのが、すでに述べたように、流行であり世論であり、目立つことであり刺激に反応することである。そしてそれら「取り敢えずの欲望」や「間に合わせの選択」も、日本国憲法の「根本規範」に沿っているとの証明を得ることによって、倫理的な正当性をすら与えられるということになる。

こういう思想環境にあって、国民の日常生活が、とりわけその言語活動が、貧血症状を起こさないわけがない。いかなる価値もどんな認識も言葉によって規定される。相対主義をいうことは、自分が今喋《しゃべ》ったり書いたりしている価値・認識を信じていないだけでなく、信じたいと願望してもいないということだ。そんな言説に他人が真剣に耳を傾けるわけがない。

日本に生じつつあるのは会話能力の減退という恐るべき事態なのではないだろうか。会話なき夫婦、会話なき親子、会話なき友人、会話なき同僚のあいだを繋《つな》ぐのは、そのあいだにエーテルのように充満しているのは、活字であり映像であり音曲である。そしてそれらの媒体を産出しているのは貨幣であり技術であり組織である。そう断定するのは早すぎるとしても、その勾配を滑っていることは間違いない。

それで構わないという意見もある。なるほど、どれほど上手にできた会話でも、本当にいいたいことは伝達されないばかりか表現もできないというのが会話というものの真相なのであろう。しかし会話におけるルール、マナーそしてエチケットとは、知恵ある言葉遣いをあえて自他に強いるという持続のなかに、真実が仄《ほの》みえてくるのを待つためのものだ。その努力を実験してみた挙げ句のことならば、会話を放擲《ほうてき》し生活を破壊するのも、他人に顕著な迷惑をかけないのならば、やむをえない仕儀といえる。しかしそこまで覚悟した人間は「平和憲法を守れ」などという莫迦はいわないであろう。真実が存在するとは信じない、というふうに虚無主義を気取るものは、実は、真実以外のものは何であれ、日本国憲法のような愚作であっても、信じてしまう。これが虚無主義の逆説である。

日本国憲法について議論することは、それ自体としては、大して思想的興味を刺激してくれるようなことではない。しかし、憲法論議が戦後日本の文明の形態から戦後日本人の生活の様式に至るまでを議論することを意味するのだとしたら、その形態のうちに憔悴《しょうすい》しその様式のうちに疲弊している日本人の一人として、憲法論議を自分流にやってみたくなる次第である。

注

（一）グロティウス。Hugo Grotius, 1583〜1645。オランダの法学者で、主著は『戦争と平和の法』。国際法の創始者として有名であるが、その考え方の基本が自然法であるので、「近代自然法学の祖」ともよばれる。つまり、理性的なものとしての人間が自由かつ平等に取り結ぶ社会関係の秩序を自然法と見立て、それにもとづかせて国際法のみならず国内法をも整備する必要を唱えたのがグロティウスである。

第二章

日本国憲法の後暗い過去

現在の若い世代にあっては、日本国憲法がGHQ（連合軍総司令部）民政局によって起草されたことすら知らぬものが少なくない。したがってその草案が、主としてアメリカ的な憲法観を下敷きにして、ということは日本の事情をよく押さえないままに、執筆されたものであることも広くは知られていない。ましてそれが一週間という短期間のうちに仕上げられたことを憶えているのは憲法問題の専門家にかぎられるといった調子である。

このように日本国憲法制定の動きは偏向と拙速のうちに始まったのである。＊――つまり、終戦の半年後、連合軍最高司令官マッカーサーの「ノート」にもとづいて民政局次官ケーディスが中心となって、二十五名のアメリカ軍人が日本国憲法の草案を書き上げたのであった。――＊ただし、GHQの憲法制定会議に憲法についてばかりでなく法律の本格的専門家すらほとんどいなかったことそれ自体については、それを致命的欠陥とみなすべきではないであろう。憲法は国家の根本規範を示すものであるが、「規範」を論じるに当たっては政治、経済、社会および文化の全域にわたる、そしてそれらの歴史の全貌《ぜんぼう》に及ぶ、総合的な知識もしくは良識が必要である。一般に専門家は総合よりも分析を旨とするのであってみれば、憲法論議を専門家の手に委ねるのはむしろ危険なことだといってよいのではないか。逆にいうと、憲法の専門家というものは、総合作業の分析家という大いに自己矛盾的の存在なのだ。その自己矛盾を精神の活力源にするような勝れた憲法専門家もいないわけではないのだろうが、日本の憲法学者によくみられるのは、どちらかというと、総合知に欠けているという意味での非常識なのである。

敗戦の翌年二月にこの草案が日本政府に手渡され、その年の六月から「憲法改正案」が、衆議院では二カ月、貴族院では一カ月半の審議を経て、それぞれ少々の修正をほどこしたあと、全員一致に近い圧倒的多数で可決された。その後、枢密院の諮詢《しじゅん》や天皇の裁可という所定の手続きを終ってから、当年の十一月三日に、日本国憲法が公布されたのであった。

この短期審議と（ほぼ）全員一致という事実を気に留めている国民もほとんどいない。もちろん、＊――（実質的に日本に無条件降伏を要求した）ポツダム宣言にもとづく――＊軍事占領下の出来事であるから、憲法のアメリカによる「押し付け」とそれにたいする日本の「押し頂き」がすみやかに進行したことは大して不思議ではない。短期審議が拙速であったかどうか、全員一致が軽率であったかどうかは、憲法制定後の、とくに日本が独立してからあとの、憲法にたいする取り組み方の如何《いかん》による。

大日本帝国憲法は、伊藤博文が憲法制定を決意してからその成立に至るまで、七年の歳月を要した。伊藤がそれを「不磨の大典」と称したのは明治天皇の権威を借りてのことであるが、国民のがわからすると、先人の知恵と努力の結晶をそう無下に否定するわけにはいかぬという一般論に立てば、七年の歳月は十分尊重するに値する期間だといえる。同じようにして、日本国憲法をも「不磨の大典」とみなすのならば、そこに先人たちの並でない企てが含まれているのでなければならぬ。そのうち改正されることを見込んだ上での憲法制定ならば、短期審議の全員一致であろうが、敗戦の混乱と占領の抑圧のなかでとにもかくにも新時代への第一歩を印さなければならなかった以上、やむをえない仕儀であったというしかない。しかしその場合には、日本国憲法は不磨であるどころか、時代の進展につれてむしろ磨滅させるべきものとなるのである。

このように日本国憲法はその出生に後暗いものをもっている。そのことを大方の日本人は知らないか、あるいは忘れてしまった。しかしこれは今では秘密でも何でもない。ずいぶん以前から、その後暗い部分に照明を当てるための精密な調査研究がたくさん発表されている。それが巷間《こうかん》の常識にまで広がらないのは、「憲法を守れ」の掛け声に吹き消されてのことにすぎない。以下では、憲法の来歴についての事実問題は後景において、憲法制定過程にはらまれている思想的な問題を前景の明るみに出すことにする。

一 「押し頂き」憲法

日本国憲法が占領軍の「押し付け憲法」であることは議論の余地がない。それは、すでに指摘したように、憲法草案がマッカーサー・ノートのいわゆる「三原則」に始まったことによくみてとれる。三原則とは（ア）天皇を国家元首とするが、その権能は憲法によって定めること、（イ）戦争は放棄すること、（ウ）封建制度を廃止し、予算制度は英国型にすること、を内容とするものであるが、それが憲法改正にかんする日本政府案の否定というかたちで出てきたことに注目すべきであろう。つまり、「憲法問題調査委員会」のいわゆる「松本（烝治）案」を極度に保守的なものにすぎぬとして退け、占領軍民政局が憲法改正のイニシャティヴをとるための嚆矢《こうし》が「マッカーサー三原則」なのであった。つまり日本がわのイニシャティヴが否定されたのであるから、「押し付け」以外の何物でもないのである。

しかし、その「押し付け」をすすんで受容したのは日本の政府および国会であり、そしてそのような政府・国会を支持したのは日本の国民である。なぜといって、その「押し付け」憲法を審議した第九十帝国議会は、占領軍の憲法改正要綱の発表のあとに行われた選挙によって構成されたものであり、その選挙の争点の一つが憲法改正問題にあったことも確かなのだからである。食うや食わずの状態にいる国民にその争点が浸透したわけがないといってみても、憲法の大幅改正はおおよそそのような難局にあって提起されるものであってみれば、仕様がない。手続きとして民意を汲《く》む段取りになっていれば、国民がその「押し付け」憲法を積極的に「押し頂いた」とみなされるということである。

憲法の「押し付け」は「絶対的支障のないかぎり占領地の現行法律を尊重すべし」ということを規定しているハーグ条約に違反する、という言い分も通らない。占領軍は明治憲法をもって「絶対的支障」とみなしたのであり、日本国民の多数派もその判断を認めたのだといわれれば、それまでの話だ。

「押し付け」の問題は、憲法の性格として論じられる前に、そのような「押し付け」を喜んで受容したのみならず「押し付け」の張本人である占領軍が引き上げたあともそれを「押し頂いている」ような国民は、そも如何なる性格をもっているのかというふうに論じられるべきであろう。

つまり、日本人の憲法への取り組み方が主体性を欠いているということだ。戦前の日本人が欽定の大日本帝国憲法を「押し頂いた」のと同じように、戦後の日本人もいわば「米定」の日本国憲法を「押し頂いた」のである。憲法にかんする日本人の当事者意識は相も変らず低いままだというしかない。この当事者意識の空隙《くうげき》に乗じて、戦前にあっては軍国主義が、そして戦後にあっては平和主義が、それぞれ憲法の文章上の表記を最大限に悪用するということになるのである。たとえば、「天皇ハ陸海軍ヲ統帥ス」（大日本帝国憲法第十一条）という条文を遣って、軍部が天皇大権の名の下に独断専行することになったし、「平和を愛する諸国民の公正と信義に信頼して、われらの安全と生存を保持しようと決意した」（日本国憲法前文）という文句のせいで、自衛隊は無用の長物と蔑《さげす》まれることになった。

だが真に蔑まれるべきは、憲法について戦後日本は珍種の人類といわれてもやむをえないような振る舞いをつづけているという点である。世界広しといえども、自国の憲法を他国に作成してもらってそれっ切り、というのは、少なくとも文明国とよばれるもののうちでは、日本だけだ。日本と同じく第二次大戦の敗戦国である旧西ドイツはその憲法――「基本法」とよばれている――を自分の手でつくった。そこに、黄色人種を白色人種より劣等とみなす偏見が作用していたことは否めないが、その偏見の前に拝跪《はいき》したのは日本人なのであるから、やはり劣等視されても仕方ないのか、と苦笑せずにはおれない。

また世界広しといえども、半世紀の長きにわたって憲法を一度も改正したことがないというのは、日本だけである。正確には、中華民国（台湾）とヴァティカン公国もそうであるが、それらは、憲法をかならずしも国の根本規範とみなしてこなかったという意味で、日本と同列にはいない。ともかく、一般に混乱期に制定されるのが憲法というものである以上、それに様々の欠陥が含まれていないわけがない。社会が安定期に入れば、その欠陥が補正されて当然である。加えて、今世紀の後半は半世紀前にはまったく予期することのできなかったような変化が人類の価値感覚や規範意識の次元に生じたのである。憲法を無修正のままで放置するのは、一つに、当該の国家がその根本規範における既存の欠点に無関心なことの現れであり、二つに、新規の事態にたいして積極的に対応する意見をもたぬことの結果である。ちなみに、憲法改正の回数が多い国を挙げてみると、スウェーデン三十七回、旧西ドイツ三十四回、スイス三十三回、ニュージーランドおよびオーストラリア二十九回といった調子である。アメリカとイタリアも戦後五回の改正を行っている。日本がどれほど異常の憲法感覚に浸っているかが窺《うかが》われようというものだ。

この異常感覚のうちには、日本国憲法が直訳調の悪文の見本となっていることも含まれる。慌しい状況のなかでの作業であるから、その悪訳を咎《とが》めても始まらないし、また憲法規範の要諦はその論理にあるのであって表現の巧拙は二の次だというべきでもあろう。しかし、悪文を悪文として認識することすらできぬという精神の鈍感さは規範論議についての混迷や曖昧《あいまい》をもたらさずにはいないというのも本当である。日本国憲法は、戦後における日本語の衰弱の、もちろん原因ではないものの、一つの歴然たる徴候なのである。

稀《まれ》にみる上出来のものならば憲法を「押し頂く」ことにさして無理はない。しかし次章で詳しくみるようにその論理には瑕疵《かし》が少なくなく、その表現は稚拙を極めている、それが我らの憲法なのだ。しかも笑止の沙汰《さた》ともいうべきは、いわゆる護憲勢力の過去をみてみると、第九十帝国議会での憲法審議に当たって、新憲法制定は時期尚早であると反対したり、「局外中立」を批判して集団安全保障の必要を提唱したりしていたという点である。米定憲法を「押し頂く」ことに不平を鳴らしていた連中がその後は護憲と騒ぎ立て、「押し頂く」ことを推進した連中が改憲――解釈改憲を含めて――に奔走する、この倒錯の経緯こそ、日本国憲法が規範の論理としてよりも政争の具として利用されてきたことを物語るものにほかならない。

こうなってしまった思想の淵源《えんげん》を尋ねると、米軍をもって占領軍とみなす反米の気分と、それを解放軍とみなす親米の気分とが日本人にあって混在していたという事実につき当たる。それは、ひいては、あの戦争突入を肯定する気分と否定する気分とが戦前および戦中の日本人にあって拮《きっ》抗《こう》していたという事実にも繋がるのであろう。もちろん、こうした事実は日本人にのみ特有のことではない。ただ、それらの事実にみられるような国民感情の両義性を日本人はきちんと見詰めることをしなかったのである。

どだい、勝算どころか半年後の展望すらもてずに最強軍事国に宣戦布告するのは無謀の度がすぎるし、また二百万の犠牲者を数えて敗戦した直後から「アメリカ万歳」を叫ぶ無節操も度外れである。このような規範からの逸脱とよぶほかない振る舞いをなしたのは指導者ばかりではない。

日本人の多数派がそうした逸脱を支持しそれに迎合したのである。つまり、国家の根本規範のことをいうのなら、目前の状況そして周囲の環境に同調するのを専らとするような日本人の習性がまず批判されなければならない。国民の悪しき習性に制限を課すのが根本規範というものだからである。日本人はまたしても自分らの習性を疑わないまま、占領状態に適応した。アメリカ文明の表面を定型化したものとしての根本規範を「押し付け」られ、そしてそれにすすんで同調したのである。

アメリカの「押し付け」がいくぶん及び腰のものであるということにすら日本人は気づかなかった。つまり、当時の英国首相チャーチルが「鉄のカーテン」で名高いフルトン演説[注(二)]をしたのは敗戦の翌年三月であるということからもわかるように、アメリカは「冷戦」の到来をすでに察知していた。だからこそ、マッカーサー連合軍最高司令官は、憲法公布のあとただちに、時の日本首相吉田茂に向かって憲法改正の必要を示唆したのだと思われる。また天皇制の存続にしても、それはアメリカ的な価値原理に発するものではもちろんなく、日本の国民感情（と推定されたもの）にたいする配慮からきたものである。つまり、軍隊の廃止や天皇の存続についてはアメリカの「押し付け」はそれほど腰の坐ったものではなかったのだ。そうならば、平和主義と軍隊の関係および民主主義と天皇の関係についても日本人は自力で議論し、そこで得られた見解をアメリカに納得させる余地もあったに違いない。しかし日本人は、十日足らずのあいだに書き上げられた「間に合わせ」の米定憲法に、これまた「間に合わせ」のかたちで、数カ月の審議のあとに順応したのであった。あまつさえ、占領状態を脱してからも、憲法改正のことが具体的な政策課題になったことは一度たりともないという体たらくだ。いわゆる自主憲法制定を主張するのなら、それは、アメリカの「押し付け」を批判することからではなく、日本人の自主性のなさを批判することから始められるべきである。

二　制定手続きの混迷

日本国憲法は新憲法の制定であったのだろうか、それとも旧憲法の改正であったのだろうか。後者だとすると、日本国憲法のうちに旧憲法の思想がどのように痕跡《こんせき》をとどめているか、それを探すことが重要な課題となる。典型的には、大日本帝国憲法における天皇崇拝の思想が日本国憲法にも持続していることを指摘することをつうじて、いわばジャパニーズネスの憲法的連続性が確認される次第である。たとえば、それが旧憲法の枠内での改正であったとみなすと、大日本帝国憲法が欽定のものであるからには、日本国憲法もまた――「日本国民は……この憲法を確定する」といわれているにもかかわらず――欽定憲法とみなされるわけだ。ただし、旧憲法の枠内といったとき、その「枠」を法思想の次元でみるかそれとも法手続きの次元でみるかによって結論が違ってくる。本来、両次元は大きく離れるべきものではないのだが、日本国憲法の制定に当たっては、まさにその離反が生じたのであった。この節では、主として、手続きの次元から日本国憲法の異常出産ぶりを検討してみることにする。

すでにみたように、この憲法の実質的内容は欽定でも民定でもなく米定である。連合軍民政局が、最高司令官マッカーサーの指令の下に、一週間もしくは十日足らずの短期間に仕上げた原草案に若干の修正を加えたもの、それが日本政府の「憲法改正草案要綱」であり、昭和二十一年三月六日に発表された。そして翌月の十日に、それによって構成される議会の主任務が憲法制定であることを予定した上で、衆議院選挙が行われた。

要綱発表から選挙までたった三十六日間しかなかったことに注目しておこう。小林直樹をはじめとする一部の論者は、選挙の争点が憲法問題にあったことを根拠にして、この選挙制定過程が日本国民の民意に根差しているという。これは途方もないこじつけといってよい。飢餓状態をも伴う敗戦の混乱のなかで、そして大日本帝国憲法に沿う規範意識が少なくとも潜在意識として持続している状態にあって、しかも占領軍が戦争終結の三十七日後に発表した「日本プレスコード」[注(二)]にもとづく言論統制を受けながら行われた憲法論議が広範なものになったり真剣なものになったりするわけがない。日本人がそんなことができるほどに立派な国民であったのなら、そもそも敗戦すること必定の戦争も阻止しえたはずだ。要するに、日本の民意とは占領軍のやることに屈服し迎合する域を出るものではなかったということである。

ここで認識しておくべきは、人々の生活形式と国家の制度形式が、つまり「ルールによる支配」が、揺らいでいる状況にあっては、そこにおける決定を評価するに当たり、形式よりも内容を重視したほうがよいという点である。憲法制定のための選挙と議会審議というのは、なるほど、それが民定の憲法であるかのような形式をとっているが、そんなのは体裁にすぎない。日本国憲法はあくまで米定のものであり、日本国民の民意はその米定を受容するという消極的なものにとどまっていたのである。

同じことは、日本国憲法を欽定とみなす見方についてもいえる。大日本帝国憲法の第七十三条では、憲法改正の発議は天皇によってなされると定められており、実際、この規定にもとづいて、憲法改正案は勅書をもって制憲議会に提出されたものであった。それのみならず、大日本帝国憲法に従い、衆議院決議のあと貴族院の決議、枢密院の「諮詢」そして天皇の「裁可」を仰ぐという経緯を辿って日本国憲法が天皇の名において公布されたのである。これは、手続き上からみれば、明らかに欽定である。しかし、これもまた外観にすぎなかったのだ。占領下にあって天皇制が積極的に機能できなかったことはわざわざ言及するまでもなく、その証拠に、日本国憲法前文の冒頭では、この憲法の「確定」者は「日本国民」だとされているのである。欽定憲法であるはずのものが自己を民定と認定するというのは論じるまでもなく矛盾である。つまり日本国憲法には欽定の自覚がないわけだ。

日本国憲法が民定であるか欽定であるかの議論は的を外れている。それが基本的には米定であることを確認しておけば、それ以上のことは瑣事《さじ》に属する。天皇制の意義を強調するために日本国憲法を欽定とみなしたり、逆にそれを軽視するために民定とみなしたりするのは本筋からずれている。天皇制の位置づけは憲法の内容に則して解釈さるべきものと思われる。

もちろん、憲法制定に多大の手続き問題がはらまれていることに気づかずに護憲をいうような戦後の風潮は日本人におけるルール意識の希薄さをよく表してもいる。そのことを抉《えぐ》り出すという点では、日本国憲法が手続きの表面形式としては欽定のかたちをとったのだということは繰り返し指摘さるべきであろう。だが、日本の国民と天皇がともども米定憲法に膝を屈する構えにあったことを忘れて欽定か民定かの解釈論争をするのは枝葉末節に属する。

ヒストリカル・イフとしていえば、占領軍がもし次のような手続きを日本がわに強制したなら、日本国憲法の民定ぶりがより明瞭《めいりょう》になったであろう。つまり、衆議院と貴族院の議員たちが、自分らを旧議会の議席を有するものとしての権力集団ではなく、全国民の民意を代表する自発的の権力集団だという認識に立って、大日本帝国憲法の枠外に制憲集会を開くというやり方である。それは法秩序の新たなる創出であるから歴史的正統性はもたない。いいかえれば、それは法秩序に不連続を惹《ひ》き起こすという意味での「法的革命」である。

憲法学者の大勢は、宮沢俊義をはじめとして、日本国憲法をいわゆる「八月革命説」に拠って解釈しているようだ。つまり、占領によって法的不連続という意味での革命が生じたというのである。この説に私はおおよそ同意する。革命という形容が適当かどうかは別として、あのような大規模な敗戦と徹底した降伏のなかで法的不連続が生じたことは否めない。ポツダム宣言が日本の無条件降伏を要求したものだと断言できないとしても、日本がわが、ほぼ国を挙げてそのように解釈したことも確かである。また次章で検討するように、大日本帝国憲法と日本国憲法のあいだには法規範の根本的転換と覚しき部分も含まれている。そうである以上、被占領状態における法的不連続、それが新憲法の基本性格と思われるのである。

ただし、それを「横からの革命」などと形容するのは欺瞞《ぎまん》であろう。それは、疑いようもなく、「上からの革命」でしかない。占領軍は日本国民の横ではなく上にいたのである。仮に私のいう制憲集会が形成されて大日本帝国憲法からの離脱が宣せられたとしても、それはあくまで占領軍の主導によるものだ。占領状態にあってはじめて可能になるものとしての制憲集会の意味は、占領軍の「押し付け」を自発的に「押し頂く」こと、そしてその拝領行為が法的不連続の創造にほかならないと公認することにある。また、「押し頂く」姿勢をそこまで明確にしていれば、独立後に憲法を「改正」する必要も薄まる。なぜなら、「戦後」とはそのような――奴隷的精神ともいうべき――姿勢にもとづいて形成される時代のことであり、独立後とてその姿勢がつらぬかれることに変りはないということになるからだ。あるいは、独立後のいわば新々憲法の制定はそのようなものとしての「戦後」に絶縁するという意味で「下からの革命」となるのである。

実際には、アメリカの占領政策がどちらかというと微温的なものであったせいで、憲法制定に当たって手続き上は旧憲法に立脚し、そして「押し頂く」姿勢に曖昧さを残すことになった。日本国憲法のはらむ法的不連続性と当時の日本人の意識にはらまれていた法形成上の受動性が十分に暴露されないままに終ったのである。「横からの革命」などという形容はその中途半端さを示す以外の何物でもない。

制憲集会が開かれて、そこで「押し頂き」憲法の受領ということが明示されていたのなら、今後において自主憲法の制定をいうときも、それを、新たな制憲集会による「下からの革命」ととらえることが容易になる。つまり、「押し頂き」をやめて「自主制定」でいくという法的不連続のおかげで、いわば戦後とポスト戦後のあいだの境界線を引きやすくなるのである。しかし日本国憲法を「押し付け」として排斥するということであるなら、それを自主的に改定しようとするとき、改定の対象はまずもって大日本帝国憲法だということになってしまう。つまり、敗戦の時点まで逆行して大日本帝国憲法に対処するということである。なぜなら、「押し付け」憲法にもとづいて憲法改正に臨むのは自主的ではないからだ。ついでにいっておけば、大日本帝国憲法をそのままに踏襲するという立場もありうるわけだが、それとて敗戦時に遡行《そこう》する点では同じである。

しかし、たとえそれが「押し付け憲法」によるものであるとしても、戦後四十五年間の憲法的現実を無視することなどできるであろうか。この現実を批判したり否定したりすることはできるが、それをあたかも不在のものとみなして、遠い過去に立ち戻ることはできない相談であろう。そうならば、日本国憲法が大日本帝国憲法にたいする「上からの革命」としての「押し頂き」憲法であったという点を明らかにし、次に、それにたいし「下からの革命」としての「自主制定」憲法を新たにつきつける、というふうに展望するしかないのではないか。

法的不連続、それはまったく由々しい事態だ。とくに私のように保守思想の系譜を最も高く評価するものにとって、それは最悪の事態だといってよい。法的なものにかぎらず、歴史の連続性をこそ保守すべき最大の価値とみなすのが保守思想だからである。いうまでもなく、保守思想として歴史にはかならず変化が生じることを認めはする。しかし歴史に不連続をもたらすような急激な変化は避けなければならない。なぜなら歴史のなかにこそ個人および集団の生活を支えることを可能にするような価値・規範・規則の地下水脈が流れているからだ。保守思想はこのように考えて「歴史における不連続の創出」としての革命に反対する。

だが、あのように大規模な戦争、あのように惨めな敗戦そしてあのように完膚なき占領をつうじて由々しい事態が起こらないほうが不思議である。アメリカ的規範を「押し頂く」という「上からの革命」もそうした自分らの戦後に訣別《けつべつ》するという「下からの革命」もトータル・ウォーつまり総力戦をめぐる異常事態の結末としてはむしろ必然のことというべきであろう。まして、大東亜戦争もしくは太平洋戦争は、西洋対東洋という文明の精神にかかわる戦さという要素を含んでいたという意味で、まことにトータルな種類のものであった。そうであればこそ、旧西ドイツに許された憲法の「自主制定」が日本には許されないということにもなったのだ。憲法次元での「革命」がこれからも生起せざるをえないという由々しさは、今世紀の中葉に日本がはまった陥《かん》穽《せい》がいかに深いものであったかの率直な表現なのである。

三　第九条における「解釈改憲」

日本国憲法をめぐる論争のうち最大のものとされてきたのはいうまでもなく第九条にかんするものである。私の見方では、思想の問題としては、第九条にかんする解釈は比較的に単純な部類に入る。しかし、事が軍事の問題であるということによって、その条項のもたらす実際的効果は甚大であり、そのため憲法論議の大半は現在に至るも第九条を焦点としているのである。

すでに多くの研究者によって明らかにされているところであるが、憲法制定過程の内情に即していうと、第九条第一項のいわゆる「戦争放棄の条項」は侵略戦争のみを放棄したのだと解釈するのが妥当であり、また第二項のいわゆる「戦力不保持および交戦権否認の条項」も侵略戦争にかかわる戦力保持や交戦のみを禁止したのだと解釈するのが穏当である。つまり放棄さるべきものとしての「国際紛争を解決する手段としての」戦争とは、草案作成者の念頭にあったケロッグ・ブリアン不戦条約[注(三)]（いわゆるパリ条約）に従えば、侵略戦争のことであり、それゆえ、禁止さるべきものとしての戦力保持および交戦権も侵略戦争にかんするものだと解釈されるわけだ。

このことについての詳しい逐条解釈は次章に譲ることにして、ここでまず確認しておきたいのは、第九条の文章表現が、少なくとも一般国民の常識的な読解力からすれば、絶対平和主義――侵略的のであれ自衛的のであれ、戦争はしないということ――をさすものと受けとられてもさほど奇妙ではないという点である。パリ条約における表現法を知っているような国民はごく少数である。そうである以上、「国際紛争を解決する手段としての戦争」が戦争一般をさしているというふうに、つまり「自国の安全を保持するための手段としての戦争」も含められているというふうに、誤解されても致し方ない。

いやこれは、誤解というよりも、憲法制定過程の底流に陰に陽に流れていた絶対平和主義のムードを汲み取る自然な理解だといってもよいのである。まして憲法前文に「日本国民は……平和を愛する諸国民の公正と信義に信頼して、われらの安全と生存を保持しようと決意した」という文言があるのであってみれば、絶対平和主義こそが第九条のいわんとするところだとみられても文句はいえない。戦争一般を放棄したのなら、なぜ「国際紛争を解決する手段としては」という限定をつけたのか、というような疑問を抱いてくれるほど国民の理解力は厳密ではない。絶対平和主義にあって、その限定は単なる修飾にすぎぬとみなされたのだ。

また、「マッカーサー三原則」においても、実は、戦争一般を放棄するよう指示されてもいたのである。民政局のケーディス次長がそれに懸念を抱いて先の限定をほどこした、という経過など一般国民が知るわけがない。それどころか、時の首相である吉田茂までが、議会審議の答弁において、「国家正当防衛権に依る戦争」を「有害」とみなすという有様なのであった。さらに、いわゆる「芦田（均）修正案」[注(四)]によって第二項の最初に「前項の目的を達するため」という限定が付されたのであるが、それとて、戦力不保持と交戦権否認は「前項の侵略戦争を排するという目的に沿うかぎり」でのことだ、ということを示すためのものであったかどうか不明確なままである。

結局、第九条の表記は戦争一般を放棄する絶対平和主義と侵略戦争だけを放棄する相対平和主義とのあいだで両様の解釈を許すものになっており、いずれに傾くかは情勢と世論の動向如何ということになってしまっている。朝鮮戦争以降、日本の政府・与党は相対平和主義の立場に徐々に移行してきたのであるが、絶対平和主義の陣営から、自衛隊や日米安保条約の存在は憲法違反だと指弾されつづけてきた。また、政府・与党の方も、その指弾から身を逸らすため、次々と解釈を変更していった。その結果、第九条にたいする解釈が前後左右に動揺することになり、その機会主義的な定見のなさが、国民世論のうちに、政府・与党は第九条にたいする拡張解釈を重ねることによっていわゆる「解釈改憲」を行っている、との印象を植えつけもしたのである。

他方、絶対平和主義の陣営も動揺を続けてきた。面白いことに、先に指摘した吉田首相の自衛戦争を否定するかのごとき議会答弁は、当時の共産党幹部・野坂参三の意見にたいする反論として出されたものであったのだが、野坂のいったのは「戦争一般の放棄ではなく、侵略戦争の放棄」を第九条に明記せよということなのであった。同じことは社会党の鈴木義男によっても主張されていた。つまり思想の系譜としていえば、現在において絶対平和主義を唱えている流れも、その源流にあっては、絶対平和主義を空理空論として批判していたということである。

また、一九五〇年代から六〇年代の前半にかけては、自衛隊や日米安保条約を憲法違反としてやみくもに攻撃してきた絶対平和主義者は、それ以後、次第に攻撃の姿勢を弱めてきている。敗戦の心理的後遺症が薄らぎ、日本が経済大国になっていくにつれ、思想の振り子が理想主義から現実主義へと移っていったからである。つまり、絶対平和主義からみれば巨大な憲法違反であるに違いない軍隊や軍事同盟を、絶対平和主義者たちは内心でひそかに認めざるをえなくなったというわけだ。表面で絶対平和（自衛戦争の否定）を唱え、裏面で相対平和（自衛戦争の肯定）に譲歩する、それが日本的平和主義というもののようである。

ただし、表面での絶対平和主義にもそれなりに現実的判断があったことは確かである。反体制がわの平和主義においては「社会主義諸国は平和愛好勢力であり、それゆえそれらを仮想敵国とみなして軍事問題に備える必要はない」という判断があり、体制内の平和主義においては「アメリカが日本を守ってくれるのであるから、軍事問題に主体的に取り組む必要はない」という判断があった。両方とも誤謬もしくは誇張の判断ではあるが、現実にかんする見解であることは間違いない。

しかし近年になって世論の一部で公然といわれ出しているのは、現実にかんする判断を一切放棄した上での絶対平和主義である。いわばウルトラ絶対平和主義である。簡略にいえば「武器を手にするくらいなら自滅したほうがよい」という選択である。ここで絶対平和主義は理想主義からさらに進んで空想主義になる。しかもそれが空想主義であることを自覚した上で、空想主義をあえて世界に広めることに格別の意味を見出そうとしているのである。

「自滅する覚悟」を実践規範にするのは特殊な宗教者および軍人にのみ可能なことで、それを一億二千万人に期待するのは莫迦《ばか》げている。もっといえば「自滅する覚悟」に本気で取り組んだものなら、その困難に立往生し、それを世界に広めて歩くのは偽善と欺瞞の最たるものだと自覚せざるをえないであろう。だが、この偽善と欺瞞こそが、第九条にたいする絶対平和主義的な解釈を半世紀にわたって持続させてきた世論の、基調音であることも否めない。要するに、「平和を愛する諸国民の公正と信義」（憲法前文）とか「正義と秩序を基調とする国際平和」（第九条）とかいったような美辞麗句に託して、戦争反対の気分を表明してみる、それが戦後における平和論のアルファでありオメガなのだ。公正、信義、正義、秩序などといった言葉の意味について考究された気配はみじんもない。その証拠に、絶対平和主義にあっては、公正のための戦争、信義のための戦争、正義のための戦争そして秩序のための戦争というものがありうるのだということに配慮されることはないのである。第九条について論じることの厄介さは、ある程度はマッカーサーや吉田茂の発言をも含めて、その条文にこうした欺瞞と偽善がたっぷりと染み込んでいるからにほかならない。

「日本は永久に唯《ただ》他国の好意と信義に委ねて生き延びんとする所の東洋的な諦《あきら》め、諦念《ていねん》主義に陥る危険はないのか、寧ろ進んで人類の自由と正義を擁護するが為に、互いに血と汗の犠牲を払うことに依って、相共に携えて世界恒久平和を確立すると云う積極的理想は却て其の意義を失われるのではないか」、読者はこれを誰の言と想像するであろうか。「血と汗の犠牲」の必要を貴族院で叫んで政府を批判したのは、戦後進歩的文化人の始祖の一人である時の東大総長・南原繁である。

推測を混えていうと、当時の政府は軍国主義の復活と占領軍から誤解されるような振る舞いに及ぶことを極度に恐れ、また極度の経済的疲弊のなかで軍事費の負担を免れることに大きな利得を見込んだ。で、国民や野党から絶対平和主義と誤解されることも恐れずに、日本国憲法の絶対平和主義的な言辞を修正しようとしなかった。また当時の無責任な進歩的文化人は国家防衛と国際秩序形成のために「血と汗の犠牲」を払う覚悟を政府・国民に要求して、日本国憲法の絶対平和主義を撃った。そして今、進歩的文化人の成れの果てに位置する知識人たちが国家防衛と国際秩序形成の仕事を嘲《あざけ》りつつ、同じ「血と汗の犠牲」とはいっても自滅のそれを、自滅してみせる本気の覚悟などむろんなく、口の端にのぼらせている。偽善と欺瞞の言葉遣いはついにここまできたわけだ。——なお本節の以上の論及については、本書巻末に記載した西修氏の書物が大変参考になった——。

四　国体護持と象徴天皇

＊——こんな次第であるから、「前文」における「平和を愛する諸国民の公正と信義に信頼して、われらの安全と生存を保持しようと決意した」という文章の真の意味が見抜かれるわけもない。それは、軍事的対米依存を宣言する文章である。つまり、「平和を愛する諸国民」とは、日本占領に携わった「極東委員会」の諸国（米、英、中、ソ、仏、カナダ、印、蘭、オーストラリア、ニュージーラ

ンド、フィリピン）のことであり、その代表（というより全権被委任国）はアメリカである。だから、その前文第二項は「アメリカの公正と信義に信頼していれば、日本は安全に生存できる」といっているにほぼ等しい。

それなのに戦後平和主義者たちは、コスモポリタニズム（世界連邦主義）の夢想に浸りつつ、その「諸国民」は世界の多数派である平和愛好諸国だと取り違えた。そこから国連中心主義のような迷妄の外交論が出てくるという破目にもなった。また平和主義を批判するがわにしても、その文意が対米依存を指示していることに気づかずに、「世界は信用できないがアメリカは信用できる」という文脈で、その前文第二項を槍玉に挙げるという滑稽譚《こっけいたん》を繰り返してきた。

さらに、この程度の認識にとどまっている者たちが、パリ不戦条約における自衛と侵略の区別が不十分であることに気づくはずもない。つまり、「自国の安全を守るための手段としての戦争」を自衛戦争とするなら、それには「予防的」な先制攻撃も含まれると考えるのが妥当なのだ。そうならば、侵略戦争を「国際紛争を解決するための手段としての戦争」と定義するのは妥当ではない。侵略とは国際紛争を「覇権的」に解決するための先制攻撃のことだ、としなければならないのである。

加えて、芦田修正案による（第九条第二項の冒頭における）「前項の目的を達するため」という副詞句も（本来は）転倒させられなければならない、ということも確認されてこなかった。それは、戦力不保持と交戦権否認についての限定条件なのであるから、「前項の（侵略禁止という）目的に反するような」戦力や交戦は認められない、というふうに表現されるべき筋合のものである。

芦田修正案によるもう一つの追加文、つまり（第九条第一項冒頭の）「日本国民は、正義と秩序を基調とする国際平和を誠実に希求し」という文章も軽率な代物であった。これは前文第三項の「政治道徳の法則は、普遍的なものであり」という文章にもかかわることだが、世界に普遍的な正義が具体的なものとして存在するわけではないのである。異なった正義のあいだを調整するためのルール（国際慣習に根差す国際法律）、それが希求すべき当のものだとしなければならない。

こうした論点についての議論をすべて怠ってきたのであるから、憲法学者とは学ばざる者のことだというほかない。——＊

日本国憲法のもう一つの争点はもちろん天皇制にかんするものであった。ポツダム宣言を受諾して降伏するかどうかに際しても、「国体護持」のことが日本がわの条件とされたのであるが、連合国がわの回答の正確な内容は不明のまま天皇の御聖断によって日本は降伏した。連合軍の回答には「日本の最終的な統治形態は日本国民の自由意志によって決定される」とあったものの、何はともあれ、敗戦日本の最高統治権は占領軍に属する。また、トルーマン大統領をはじめとして、アメリカがわは「日本はアンコンディショナル・サレンダーつまり無条件降伏をした」と繰り返し言明していたにもかかわらず、日本がわがそれに抗議した形跡もない。いずれにせよ、占領軍が「国体護持」にどの程度の理解を示すかは日本政府の最も心配するところであった。

しかし占領軍は戦後日本に天皇制を残すことに二重の便益があると判断したようだ。一つは、おそらくは日本人の心性と行動のパターンを読み誤ったことの結果なのであろうが、天皇制を廃止すると、日本人の占領軍にたいする抵抗が激しくなると見通したということである。もう一つは、もし占領軍と天皇の関係を友好的なものにすることができるなら、天皇制を存続させることによって占領統治がやりやすくなるということである。連合軍のうち少なくともアメリカはそのように判断し、天皇制維持にイニシャティヴを発揮したのであった。

ただし、アメリカン・デモクラシーを奉じる占領軍には、日本がわがいう意味での「国体護持」に妥協するつもりはなかった。つまり、天皇が何らか実質的なかたちで政治にたいする統治権や軍隊にたいする統帥権をもつというような体制は占領軍の許容するところではなかった。「君臨すれども統治せず」というイギリス的の君主制を日本の模型とすべしと考えたのである。

「マッカーサー三原則」およびそれに伴う占領軍憲法調査委員会における天皇の意味づけは明確である。まとめていえば、国家・国民の統合性とそれを支えるものとしての歴史の連続性とを象徴するための文化的制度、それが天皇の地位だということである。そうした類の文化的制度である以上、天皇の職務や権能は、内閣の助言に従うことをはじめとして、とことん憲法の枠内に封じ込められることになる。

憲法制定議会で主として論じられたのは、日本国憲法のいわゆる象徴天皇制が「国体の変更」に当たるかどうかという点である。まず「国体の継続」を多少とも主張するものたちについていうと、彼らは国体のことをあくまで文化論的にとらえて、たとえば金森（徳次郎）国務大臣のように「天皇を憧《あこが》れの中心とする国民の心の繋がり」をもって国体とみなした。私なりの国体論は次章で述べることにするが、とりあえず論評しておくと、金森のごとき国体論は二重の意味で皮相の感情論にすぎない。一つに、文化と政治のかかわりのことが明確にされていない。二つに、文化としての国体にしても、それによって国民のあいだに同質の感情が共有されていることをさすとするのでは、文化的全体主義とよばれても仕方ない。

他方、「国体の変更」をいうものたちは、国体のことを政治論的にとらえて、たとえば佐々木惣一のように「国家の統治権の総攬」というにせよ、あるいは宮沢俊義のように「政治のあり方を最終的に決定する意志」というにせよ、ともかく政治的意味での主権者の違いをもって国体を区別した。そして日本国憲法によってその主権者が天皇から国民に変更されたと解釈したのである——ついでにいっておくと、佐々木はその変更に憂慮し、宮沢はそれを歓迎した——。

もちろん、佐々木の用語法を遣えば、統治権総攬の形体としての「国体」と統治権の具体的行使の形体としての「政体」とは異なった次元にある。大日本帝国憲法にしても、「此ノ憲法ノ条規ニ依リ之〔統治権の総攬〕ヲ行フ」（第四条）のであって、政体までもが天皇大権によって完全につらぬかれていたわけではない。また日本国憲法にしても、政体の次元では主権者たる国民の権利には種々の制限が付されているのである。しかしこの種の政治論的な国体論にも二重の意味で頷《うなず》けないところがある。一つに、文化と政治の関係が断ち切られていることであり、二つに、政治の次元でも国体と政体の関係が切断されていることである。

「統治権の総攬者」は、天皇であれ国民であれ、文化と政治の境界線上にいる両義的の存在ではないのか。それは文化にたいしては政治家として立ち現れ、政治にたいしては文化人として振舞う。そうであればこその「総攬」である。したがって天皇をめぐる国体論にあっても、一方で「天皇を憧れの中心とする国民の心の繋がり」といったような文化論が出てきて当然であるし、他方で「天皇の権威を利用した軍部中心の専制政体」といったような政治論に入っていって当たり前である。むしろそうした文化論や政治論をすすんで引き受けることによって、文化的全体主義や政治的天皇主義といった物の見方がいかに偏頗《へんぱ》なものであるかを国体論を媒介にして論じることができる。

いずれにせよ、ポツダム宣言の受諾を遅らせた唯一の要因は「国体護持」の問題であり、その遅延のために多大の戦争犠牲を強いられたというのに、国体論議は曖昧を極めたまま日本国憲法の成立となった。そしてこの曖昧さのため、天皇について結局のところ感情論ばかりが残されることとなった。それは天皇という、「象徴」についての感情論である。ある場合には、それはニッポンなるものをめぐるまだ衰えを知らぬ集団感情の象徴となり、他のある場合には、天皇は「象徴にすぎない」ものとして軽んじられ、それにつれて国家・国民の統合性・連続性にたいする配慮も個人の欲望や個人集団の利益によって蹂躙《じゅうりん》されることになる。その挙げ句、三島由紀夫が「週刊誌天皇」といったように、天皇の存在は大衆社会の慰み物になる徴候すら強まっている模様なのである。

日本国憲法にあって、天皇にかんする第一章は国家の根本規範を過去という時間、歴史という連続そして伝統という英知に繋ぎとめる唯一の契機である。第一章がそのことを意図して書かれているというのではないが、「八月革命」の然らしむるところ、他の章にあってそうした契機がみつからぬので、かろうじて第一章が残るのである。天皇のことが論題になるや、否応なく、過去・歴史・慣習・伝統への論及が必要になる。その論及が憲法制定をめぐって、あるいは制定後の憲法解釈をめぐって、何ほどか粘り強く行われていたら、それは未来・理想・進歩・革新のイメージによって率いられる戦後的観念にたいして亀裂を生じさせずにはいなかったであろう。

天皇制は、天皇そのものとしてよりも、国家の根本規範が伝統と連続していることを示す点に意義があるのである。そして伝統は人々の生活慣習というかたちで文化の中軸となるだけでなく、人々の意志決定方式というかたちで政治の基底ともなる。このことに着目していれば、天皇制の存続は日本国憲法の革命色を薄めずにはいないということが確認されたはずだ。革命とは伝統の断絶のことにほかならないからである。あえて強調すれば、統治権の総攬者が天皇から国民に変ったかどうかという意味での「国体の変革」が問題なのではない。誰が総攬するにせよ、その総攬の仕方のうちに伝統が確保されているということが「国体の継続」なのだ。天皇はそうしたものとしての国体のまさに「象徴」なのである。

＊——天皇が象徴する最大のものは、「年号」によって国民の時代意識を象徴するということであろう。人間は時間意識を持ち、しかもおのれの死を予期するということからして、この時間

意識は「生涯」という観念の上に成り立つ。国家の「時代」にかんする意識もまた然りであって、時代は誕生しそして死期を迎えるものと観念される。

したがって、時代を代表的人物（天皇）の生涯によって象徴するという形式によって、つまり年号の制度によって国家の歴史にたいして時間区分を与えるというやり方が、国家の歴史《ヒストリー》を（生と死の両端をもつものとしての）物語《ストーリー》たらしめるのに有効だということになる。実際には、天皇の即位から退位までの期間に年号が宛てがわれるのだが、その時間区分の本質は時代の生と死を表現するところにあるのだ。

センチュリー（世紀）という時代区分も、百年間という自然時間においてとらえられるべきものではない。つまり、百年という「最長の生涯」を生きた代表的人間を仮想して、たとえば啓蒙《けいもう》主義的な十八世紀人の時代、合理主義的な十九世紀人の時代というふうに、歴史物語が構成されるのである。天皇制は、そうした国民に共通の時代意識を形成する上で、きわめて精錬された文化的装置だといってよい。

なお、ここで天皇「制」というのは、コミンテルン（国際共産主義運動）がいったように階級支配のための政治的機関ということではまったくない。国民の精神のうちにパブリック・マインド（公共心）があり、それにもとづいて国家観念が形成される。そして、その国家についての象徴制度が国民に共有される。つまり天皇制は国民の国家意識における「慣習としての制度」だということである。――＊

占領軍が意識的にやったことではないのだが、象徴天皇は天皇制をむしろ完成の方向に向かわせた、少なくともその可能性を示唆したのだと私は思う。天皇に政治への直接介入を許すのは、あるいはそれが許されていると解釈して軍部などが天皇の地位を利用するようなことが起こるのは、天皇制の歪曲である。天皇はいわば、「伝統なるものの象徴」として威光を発するのであって、それが天皇制という「制度」であるのは、その象徴の仕方が様々な儀式の体系として確定されているからである。その意味で、皮肉なことに、日本国憲法は「国体の明徴」をもたらすものでありえたのだ。しかし、天皇は伝統の制度的象徴であるという本質論を踏み外したため、天皇は民族主義的感情の崇敬の的であるか、それとも民主主義的感情にとって無用の長物であるか、といった類の感情論がはびこることとなったのである。

このことは民主主義のあり方にも影響を与えた。民主主義とは、政治についていうと国民の参加とそこにおける多数決を重んじるやり方のことである。要するに、多数派国民の意見に沿うのが民主主義だということである。だが、その意見なるものがもし伝統の知恵から大きく逸脱するなら、それは偏見や臆説へと転落する。そのような転落状態を自覚することすらできないものを大衆とよぶなら、民主主義は大衆民主主義へと堕落する。

憲法が国家の根本規範であるというのなら、国民の意見つまり世論にたいしても何らかの規範を示すものでなければならない。もちろん憲法は政治の規範であって認識の規範でも道徳の規範でもないのであるから、世論の内容についてまで指示を与えるのは間違いだ。しかし同時に、認識や道徳と無縁でおれないのも政治である。それもそのはず、政治とは未来へ向けての集団的意志決定のことであり、その意志に認識や道徳が関与する。そして認識や道徳にとって伝統の知恵が不可欠の要素である、そのことを間接的にせよ示唆してはじめて、憲法は根本規範となりうるのではないか。

天皇制が国民の認識や道徳にたいして直接的な規範となるとは思われないし、もしそんなことを強引にやればまさしく天皇主義である。しかし天皇制をつうじて伝統の知恵というものの重要性が示唆されるのであるし、またその示唆にきちんと応答するなら、憲法の他の条項にもその影響が現れてくるであろう。たとえば――次章で詳しく検討するように――基本的人権の名の下に思いつきの意見や偶々の欲望や行きがかりの行動を野放図に繰り広げるようなやり方が憲法によってチェックされたかもしれない。いわゆる「自由の履き違え」が「民主憲法」とやらによって支持されるという無規範状態を少しは制御できるような憲法ができたかもしれない。拙速でしかありえなかった憲法制定過程にそれを期待するのは無理だとしても、それ以後、半世紀にわたる憲法論議があった。根本規範なるものの根本次元を浮き彫りにしてこその憲法論議だと私は思うのだが、また天皇論はそうした根本次元に接触せざるをえないと考えられるのだが、平成の御世ともなれば、天皇御自身が「平和憲法」や「民主憲法」の守護者となられつつある次第なのだ。

五　極東軍事裁判と占領軍憲法

日本国憲法が議会審議にかけられる直前、極東国際軍事裁判[注(五)]が始まった。その二年半後に、日本の旧最高指導者たちは東条英機ら七人の絞首刑を含めて戦争犯罪人として断罪されたのである。私のみるところ、日本国憲法の制定過程における日本人のルール意識の低さは、同時期に進められていた極東裁判にたいする日本人の対応をみれば直ちに明らかである。つまり極東裁判は、不法といって誤解を招くというなら、超法規的な復讐《ふくしゅう》の儀式であったにもかかわらず、大方の日本人はそれを公平な審理であり正義の審判であると受け取っていたのだ。

しかし第一に、戦争の勝者が裁判官の地位に立って被告たる敗者を裁くというのは、裁判の構成として、不公平である。第二に、「平和にたいする罪」という訴因は、侵略戦争を犯罪とみなす国際法がまだ国際社会にしっかりと定着していなかったという当時の状況において、不適当を免れえない。第三に、欧米列強による侵略行為の歴史を免罪した上で日本の侵略をいうのは、とくに日本が国際連盟という欧米列強の主導による国際クラブを脱退したのであってみれば、公平を失している。第四に、パリ不戦条約などの国際法にもとづくとしても、それらには制裁についての具体的な規定がなく、いわゆる罪刑法定主義によるならば、それら国際法にもとづいて刑を宣告するわけにはいかないはずである。

というふうに列挙していけば、たとえば捕虜虐待の命令・執行というような具体的行為についてならばともかく、「平和にたいする罪」という訴因での裁判は通常の法律的ルールをはるかに越えた次元にあるといわなければならない。つまり、戦争についてのルールが未整備な段階にあってなおも戦争責任のことをいうのなら、それはまずもって、勝利の見通しを述べ立てながら、しかも非常時の名の下に国内のルール体系を踏み躙《にじ》ることをもやりながら、かくも無残な負け方をしたことについての責任でなければならない。

日本のやったことが侵略戦争でなかったといいたいのではないし、その戦争指導者の道徳的責任が見逃しにされてよいといいたいのでもない。戦争にかんして、制裁規定を盛り込んでいるという意味でのルールが確立されてもいないし普及してもいないという状況にあって、戦争裁判は復讐儀式という性格を濃厚にもつということである。また、ルールの未確立のために侵略戦争の指導者が無答責であるというのでは、侵略を受けしかも勝利したがわの国民の感情が収まらない。それのみならず、侵略をしそして敗北したがわの国民にしても、そのような状態に自分らを追い込んだものたちの責任を追及しなければ気持ちの収まりがつかず、それゆえ、勝者に反逆できないのだとすると、自分らの旧指導者の道徳的責任を糾問することになる。

極東裁判は、戦勝国の敗戦国にたいする追討もしくは復讐の儀式であり、それに便乗した敗戦国内の被指導者の指導者にたいする糾問の儀式であった。それはそれで構わないのだが、それを法律的な意味での裁判と取り違えたのはルール意識の大幅な欠落というものである。さらにいえば、侵略戦争に積極的に加担したり安直に追随したりした日本人に——ほとんどの日本人はそうした姿をさらした——旧指導者の道徳的責任を糾問する資格があるかどうか、大いに疑わしいところである。

ここで指摘したいのは、日本人がルール意識（道徳意識と法律意識）を欠落させていたさなかに日本国憲法が起草され審議され制定されたということである。そこにあったのは、がちの心神耗弱の集団感情であり、そしてそうした精神の傷痍《しょうい》状態を戦勝国のやり方に迎合することによって治癒しようとする集団感情である。これはイントロジェクションの病つまり「摂取の病理」である。他者との葛藤を、他者のものを自己に取り入れるというかたちで他者と同一化することによって解消せんとする企て、しかも意識下に潜在しかつ自動的に反復される企て、それが「摂取の病理」である。

戦争以外のかたちにおいてであれ、大規模の敗北をこうむった人間の心理はおおよそそうした病理に蝕《むしば》まれるもののようである。しかし、福沢諭吉ふうにいうならば、「痩《や》せ我慢の説」に立つものがかくも少なかったという点で、戦後日本はやはり特筆に値するのだ。日本の敗北が単に技術的、物量的なものではなく精神的、道徳的の敗北でもあったことは否めないであろう。だが、その敗北の因子はほかならぬ日本人が包含していたものである。たとえ劣性の因子であったとしても、それを放棄してしまえば心神が正体をなくしかねないほどに日本人に深く食い入っている因子である。その因子とは、一言でいえば、「ルールによる支配」を忘れて「感情による支配」に溺《おぼ》れる傾向のことである。そして「摂取の病理」もまたそうした傾向に属する。そうだとすると、日本人の精神的・道徳的の敗北はまだ継続中なのである。

極東裁判に屈服し占領軍憲法に拝跪したことは、敗戦の翌年という事情を考えれば、まったくやむをえないことであったといってよいであろう。「摂取」の態度に出なければ立ちゆかぬ仕儀であったのだ。しかし痩せ我慢とは、自己を失うかたちで他者を摂取するのは他者に自己が接収されることにすぎぬと構えて、自己の固有性を、たとえ劣性の因子を抱えもつものであろうとも、保持しようと努めることだ。

アイデンティティを保持することは自己のうちに埋没することではない。自己を疑うのは自己を信じるに足るものにしたいがためであり、自己を信じたいと念じるのは自己が疑うに足るものにすぎぬと知ればこそである。こうした精神の往復運動のなかで析出されてくる自己に固有の表現法、それがアイデンティティだ。そうしたものとしてのアイデンティティが個人の根本規範である。国家・国民についても同様であって、極東裁判であれ占領軍憲法であれ、それらを摂取しそして排出するという世論の往復運動のなかで正義や規範の根本の姿がみえてくるのではないか。

この点で、吉田茂に始まる戦後政治の主流は戦後という時代の流れのあまりにも水面に近いところだけを泳いだようにみえる。つまり、現実主義の弊害というやつである。憲法についていえば、憲法改正論議を回避し、その場しのぎの憲法解釈で事態《こと》を糊塗しようとしてきたのは吉田の系譜である。これまでのところ、そのやり方は、政治的コストが小さいという意味で、利口な現実的戦術だと思われてきた。憲法改正をすすんでタブーとすることによって、「現実的要請に応える」という名目が立つならば、大概のことは解釈改憲でこなせると彼ら政治の主流はふんだわけだ。

＊――吉田茂は、駐英大使であったことと日本の軍隊に敵対したこととを背景にして、「占領期の宰相」としてアメリカ占領軍と渡り合った。そしてそのやり方は、アングロサクソン民族に特有の現実主義や保守主義をつらぬくものであったと評されている。しかしアメリカのことを知らなかった吉田は、イギリスとアメリカのあいだの深い溝について無頓着であった。GHQが押し出したのは、イギリス流の経験論にもとづく「歴史的なるもの」としての憲法意識ではなかった。アメリカ流の合理論にもとづく、社会契約説の流れを汲んだ設計主義、それがケーディス民政局次官らによって作成された憲法草案の特質なのである。ただしその設計図には、二つの点で、不合理を抱えていた。それが第一章の天皇条項と第二章の戦争放棄条項である。その設計上の不合理を状況適応主義で適宜に解釈し直していくのが吉田に始まる戦後の現実政治なのであった。――＊

しかし、その過程で、時代の流れの底流は――その深みにこそ国家・国民の根本規範が沈潜している――一度も掻《か》き回されることがないために、淀《よど》み切り、ついに腐臭を放ち始めた。お前たちのアイデンティティは何かと国際社会から問われたとき、私たちにはその腐臭芬々《ふんぷん》たるものを示す以外に手はないのである。まことにこの九〇年代の前半あたりが、その腐臭に本格的に馴染《なじ》んでみせるか、それともその腐臭を振り払うか、の瀬戸際なのだと思われる。

私はいうまでもなく後者に与《くみ》したいと思う。そうしようとするとき、硝煙消えやらぬ風景を背にしつつ茫然《ぼうぜん》と佇《たたず》んだり血眼で駆けずり回ったりしていた日本人の心理・行動のうちに、いかなる変心が生じたものであるか、その変心がその後いかに自己を美化し正当化するに至ったものであるか、それを正視しなければならない。その変心が解放の気分や革新の意欲を伴っていたであろうことは疑いようがないものの、同時に、痩せ我慢を忘れた人間に特有の如何《いかが》わしさがその変心にはつきまとっていた。それが、たとえば、自分らの旧指導者たちが絞り首になるのに拍手したり、彼らの家族にまで礫《つぶて》を投げつけたり、国の内外のおびただしい戦争犠牲者を弔う労をすら厭《いと》うといった振る舞いとなった。その延長で、今では、生命と技術という手段空間が広がったおかげで欲望という名のエゴは破裂寸前にまで膨らんでいるのだが、エゴ同士は互いに触れ合うのを恐怖し、隠微な競争心や嫉妬《しっと》心を孤独なエゴのうちにひそやかに培養している。

日本国憲法の成立過程や解釈改憲過程の如何わしさを知ることは、それを座視しそれに迎合してきた時代と人間の不甲斐なさを知らされることだ。そうとわかれば、憲法論議に参加するのはむろんのこととして、自分の知識と経験を動員して、あの占領軍の軍人たちに負けじとばかり、自己流憲法草案でも書いてみたくなるのである。

注

（一）フルトン演説。チャーチル（Winston Churchill, 1874〜1965）元英国首相——当時は野党党首の立場にいた——が一九四六年三月に米国ミズリー州のフルトンで行った演説のことである。そこで彼は第二次大戦後における自由主義圏と社会主義圏のあいだにいわゆる「冷たい戦争」が到来するのを逸速く見通し、スターリンが「バルト海からアドリア海まで」の「鉄のカーテン」を引いて社会主義の閉鎖圏を形成していると指摘して、西欧および米国が団結する必要を説いた。

（二）日本プレスコード。Press Code for Japan。占領軍総司令部が一九四五年九月に出したもので、敗戦国日本における報道および出版にたいして検閲を行うための根拠となった。その基調はいうまでもなく連合国およびその軍隊（進駐軍）にたいする批判を封じる点にある。この線に沿って占領軍の民間検閲局（CCD）が日本の報道・出版にたいして徹底した検閲を行っていたわけである。

（三）ケロッグ・ブリアン不戦条約。一九二八年八月、パリにおいて、フランス外相ブリアン Aristide Briand, 1862〜1932とアメリカ国務長官ケロッグ Frank Kellogg, 1856〜1937との主導によって十五カ国のあいだに結ばれた不戦条約のこと。ここで侵略戦争が「国際紛争を解決する手段としての戦争」とよばれたわけである。なおこの十五カ国のうちには日本も、ドイツやイタリアとともに含まれており、またこの条約にはその後さらに六十二カ国が加盟した。しかしこの条約は「不戦」にたいする強制をもたず――ということは条約違反にたいする罰則をもたず――したがって第二次大戦の勃発・展開を防止するにはなんの貢献もなしえなかったといってよい。

(四)　芦田修正案。第九十帝国議会――制憲議会――で、衆議院は後に首相となる芦田均を委員長にして小委員会を構成し、憲法改正案にかんする具体的審議を行った。そのとき、第九条第一項に「日本国民は、正義と秩序を基調とする国際平和を誠実に希求し」という文言を挿入し、さらに第二項にも「前項の目的を達するため」という文言を追加するという修正が行われた。これをもって芦田修正案とよぶ。とくに後者の修正について、「前項の目的」ということを「侵略戦争を放棄すること」だと解釈し、それゆえ、後項における戦力不保持と交戦権否認は自衛戦争については適用されないのだとする見方がある。しかし芦田にあってそのような自衛戦争肯定の構えはさほど明確ではなかったというのが真相のようである。これについては西修氏の書物――本書巻末の参考文献欄に指示されている――をみられよ。

(五)　極東国際軍事裁判。一九四六年五月から一九四八年十一月まで東京において開かれた軍事裁判のこと。キーナン Joseph Keenan, 1888~1954を首席とする検察は、東条英機元首相をはじめとする二十八人の日本の旧指導者を「戦争犯罪人」と断罪し、結局、七人が絞首刑に、そして十六人が終身禁固刑に、一人が二十年、もう一人が七年の禁固刑に――二人が死亡、一人が精神病で審理から除かれた――それぞれ処された。この裁判は、本文でその理由を概説したように、「復讐もしくは見せしめの儀式」であった。しかしそのこと自体よりも、「復讐の儀式」を「公平な裁判」とみなして歓迎した戦後日本人のメンタリティが問われるべきであろう。

第二章

日本国憲法かく改正すべし

一　国民主権・市民統治と国権制限

――前文について――

日本国民は、正当に選挙された国会における代表者を通じて行動し、われらとわれらの子孫のために、諸国民との協和による成果と、わが国全土にわたつて自由のもたらす恵沢を確保し、政府の行為によつて再び戦争の惨禍が起ることのないやうにすることを決意し、ここに主権が国民に存することを宣言し、この憲法を確定する。そもそも国政は、国民の厳粛な信託によるものであつて、その権威は国民に由来し、その権力は国民の代表者がこれを行使し、その福利は国民がこれを享受する。これは人類普遍の原理であり、この憲法は、かかる原理に基くものである。われらは、これに反する一切の憲法、法令及び詔勅を排除する。

日本国民は、恒久の平和を念願し、人間相互の関係を支配する崇高な理想を深く自覚するのであつて、平和を愛する諸国民の公正と信義に信頼して、われらの安全と生存を保持しようと決意した。われらは、平和を維持し、専制と隷従、圧迫と偏狭を地上から永遠に除去しようと努めてゐる国際社会において、名誉ある地位を占めたいと思ふ。われらは、全世界の国民が、ひとしく恐怖と欠乏から免かれ、平和のうちに生存する権利を有することを確認する。

われらは、いづれの国家も、自国のことのみに専念して他国を無視してはならないのであつて、政治道徳の法則は、普遍的なものであり、この法則に従ふことは、自国の主権を維持し、他国と対等関係に立たうとする各国の責務であると信ずる。
日本国民は、国家の名誉にかけ、全力をあげてこの崇高な理想と目的を達成することを誓ふ。

——日本国憲法前文

この前文は、戦後の観念枠組を露疑うことを知らぬ人々にとっては、なんの支障もなく読み進むことのできる明解で格調の高い文章のように思われるであろう。国民、協和、主権、平和、公正、信義、権利といったような馴《な》れ親しんだ語彙《ごい》を拾っていけば、それだけで文意を了解できたような気になれるのである。

しかし、末節の問題を最初に片づけておくと、この文章は、まず読点の打ち方がでたらめなせいもあって、構文の把みにくい悪文の見本といってよい。その典型は第三段落であり、主節における冒頭の主語（われら）と末尾の述語（信ずる）があまりに離れすぎているためと読点が多すぎるため、従節の主語や述語がどのような繋《つな》がりになっているのか、実にわかりづらい。語彙にしても、「日本国民」と「われら」の両方を混在させる必要は何もない。最初に「われら日本国民」といっておいて、あとは「われら」で通せばよいのである。また第二段落における第二文の「崇高な理想」と第三段落の「政治道徳の法則」とが何をさすのか分明でない。もしそれらの前に「この」という修飾でもあれば、その前の従節を受けて、それらが、「恒久の平和」と「他国を無視してはならないということ」を意味するということになるのだが、これでは正体不明の「理想」であり「法則」であるにすぎない。逆に、最後の段落では「この崇高な理想と目的」とあるが、ここでの「この」は何を受けるのか、第三段落でいう「政治道徳の法則」だけなのか、それとも第一段落の「普遍の原理」や第二段落の「名誉ある地位」をも含むのか、もし第三段落のもののみだとすると日本国民が「全力をあげて……達成することを誓ふ」のはそれにかぎられるのか、といったふうな疑問が湧いてくる。その他あれこれ、この前文は日本語として劣悪であり、こんな標札を国家の根本規範の玄関にぶら下げるのはそれこそ「国家の名誉」を損うというものだ。

さて文章の内容について検討してみよう。第一段落ですぐ眼につくのは、「政府の行為によつて再び戦争の惨禍が起ることのないやうにする」という文章である。この「政府の行為によつて」という限定をわざわざつけたことの含意は、どこにあるか。それは、これまでの戦争は政府のやったものであって国民には責任はなかったということであろう。それ以外には考えられない。例の、政府は悪いが人民はよい、という二分法である。日本にかぎったことではないものの、近代における侵略的もしくは準侵略的な戦争が国民の積極的あるいは消極的な支持なしに行われたとみるのは、政治宣伝としてそのようにいうのは大いにあることだが、認識としては蒙昧《もうまい》である。

しかし日本国憲法ではこの蒙昧をあえて犯す必要があったのだ。なぜなら、第一段落の主旨は「主権が国民に存することを宣言」するところにあるのだからである。主権が何であるかの説明は一言もないが、「国政」に「厳粛な信託」を与え、「国政」をして「権威」あらしめるものにするのが国民だとされているのであってみれば、それのもつ主権が凄《すご》いものであることは確かである。法律的概念としても、サヴリン・パワーつまり主権とは「無制限の権力」もしくは「最も優越せる権力」のことである。そのような凄い権力をもつべきものとしての国民は、基本的には、無謬《むびゅう》でなければならない、少なくとも無謬に逐次接近していくようなものでなければならない。――＊その意味で、いわゆる王権神授説は、無謬なのが「神」だという点からして、思想の論理としては正当なのである。――＊国民をパーフェクティブル〔完成可能〕とみなさなければ、それに主権があるとするわけにはいかない。それで、たとえば、過去の悪い戦争は悪い政府のやったことで良い国民はその単なる犠牲者にすぎなかったという屁《へ》理屈を立てる必要が生じる次第となる。

第一段落でもう一つ目立つのは「これ〔国民主権主義〕は人類普遍の原理であり……われらは、これ〔日本国憲法〕に反する一切の憲法、法令及び詔勅を排除する」という部分である。国家の根本規範と銘打つからには、いかなる憲法も自己の普遍性を主張しはする。しかし民主主義の原理とて単純なものではない。あとでみるように、国民の主権とやらも制限される場面が出てくるのである。また、まったく仮のこととして、この原理が無制限のものだとしても、日本国憲法が特定の時期に特定の場所で特定の人間たちがつくったものである以上、その原理がその特定の憲法に完全無欠のかたちでつらぬかれているわけがない。そうであればこそ、第九十六条に憲法改正のことが規定されてもいるのだ。つまり「これに反する一切の憲法、法令及び詔勅を排除する」

というのは、明らかに過剰な物言いだということである。改正することの困難な憲法を硬性憲法《リッジド》――その逆は軟性憲法《フレキシブル》――というが、これでは硬性憲法を通り越して化石憲法になってしまう。せめて、憲法のなかで改正を許さぬ根幹の第一次的部分と改正の可能な第二次的部分とを仕分けするのが筋であろう。

なお、すでに言及したように、この憲法は、昭和天皇の公布上諭によるものであるから、形式上は欽定憲法である。他方、この前文における「日本国民は……この憲法を確定する」という表現はいうまでもなくこの憲法が民定だということをさしている。管見では、米定憲法を天皇と国民がそれぞれ素直に受け入れたという事実を素直にみつめれば、欽定か民定かの論争に実質的意味はない。欽定と民定からなる二色のヴェイルが米定憲法に被せられただけのことである。

憲法前文が果たすべき主たる役割は制憲の主体がどこにあるのかを明示することである。まさか、「アメリカ合衆国がこの日本国憲法を確定した」とは書けない以上、そして憲法を民定のものとすることにより、天皇については、イギリス的な立憲君主制とするのがアメリカの狙《ねら》いであった以上、憲法前文に、制憲の主体は国民にありと謳《うた》うしかなかった。だが二つの問題が残る。一つは「主体」とは何かということであり、もう一つは「国民」とは何かということである。

主体のことを具体的実在としてとらえるならば、民定憲法の制定にまつわる主体として数え上げることができるのは第九十帝国議会に集まった議員たちである。国民は憲法の内容確定には直接には参与できない。国民に可能なのは代表を選ぶことだけであるが、代表者たちが国民の意見

――仮にそのようなものがあるとして――を確実に反映することは不可能である。つまり憲法内容の具体的内容を確定するのは代表者たちであって選出者たちではない。したがって憲法上の具体的決定にかんする具体的実在として制憲主体のことをいうのなら、それは第九十帝国議会であって、国民ではありえない。

しかし主体のことを、具体的決定に関与する人々（代表者たち）の意志をその根本において規定しているもの――ルソー流にいえば「一般意志」のようなもの、＊――ただし特定個人あるいは特定集団の個別意志が全体を差配する場合の全体意志とは明確に区別されたもの――＊と仮構することもできる。この国民のうちに潜在する共通意志としてのいわば大文字の主体が小文字の主体にすぎない代表者たちを方向づけ、範囲づけるということである。この意味でならば「日本国民は……この憲法を確定する」といっても差し支えないであろう。

そこで問題となるのは、国民とは誰のことかということだ。選出―代表のことにこだわれば、制憲にかかわった国民は昭和二十一年に投票権をもっていた国民にかぎられる。とすると憲法前文は「昭和二十一年の大人の男子たる国民は……この憲法を確定する」ということになるのだろうか。もしそうならば、敗戦の痛手で疲労困憊《こんぱい》し意気消沈していた特別の世代である彼ら成人男子なんぞに国家の根本規範を定める特別の資格があるわけがない、という素朴な疑問が起こる。そのような特別の世代をさして日本国民といっているのではあるまい。日本国憲法でいう国民には、憲法制定後に大人になったり誕生したりしたものも含まれている。広くいえば、日本においいてかつて存在し、今存在し、これから存在するであろう「歴史上の総国民」が憲法でいう「国民」なのである。逆にいうと、制憲にかかわりのない後の世代までもが「……この憲法を確定した」ということにされているわけだ。

結局、制憲の主体については二種類の表記および解釈だけが妥当だということになる。一つは具体的実在としてのたとえば「第九十帝国議会」のようなもの――欽定でよいのならもちろん具体的実在としての裕仁天皇――であり、もう一つは、抽象的仮構としての「歴史上の総国民に潜在的に共有される一般意志」のようなものである。

あとでも検討するように「国民」という概念においては後者の解釈のほうが有効と思われるのだが、憲法制定という具体の次元に属する（とみなされる）事柄についてまでその解釈をつらぬくのは強引すぎる。つまり「第九十帝国議会」なり、その最高指導者（首相もしくは議長）なり、あるいは国家元首（当時は天皇）なりの具体的実在者が制憲の責任者となるしかない。憲法前文にもその旨を記せばよい。帝国議会や天皇が関与するのでは民定といえないというのなら、その議会を制憲集会とみなせばよかったのだ。そのとき議員は制憲のために集まった有志ということになるのだが、欽定憲法から民定憲法への転換という大そうなことをするからには、自分らの意志こそが現在の世代のみならず未来の世代をも代表しているのだと構えるくらいでなければならない。その構えだけでは傲慢《ごうまん》だというのなら、謙虚さも示して、将来における憲法改正の余地を大きくしておけばよいのである。

次に第二段落に入ると、この平和主義を高らかに謳い上げた部分はやはり子供の作文というべきであろう。「平和を愛する諸国民」とは——米定憲法としては、アメリカ人のことなのであろうが——どの国民のことなのか。すべての国がそうだというのなら、そもそも戦争は——アキシデントを別とすると——起こりようがない。「恒久の平和」が簡単に実現されるというのに、そんなものを「念願」したり「崇高な理想」とするものの気が知れぬ。＊——また、そうした恒久の崇高さをアメリカに期待するというのでは、アメリカを文字通りに宗主国と崇める属国根性にすぎない。——＊

特定の国だけが、さらには特定の状況においてだけ、「平和を愛する諸国民」であるというのなら、その「公正と信義に信頼して、われらの安全と生存を保持しよう」というのは児戯に類している。公正と信義のみに信頼するとはいっていないのだから、軍備によって安全と生存を保持するという選択肢も可能であるという理解もありうるであろうが、それは無理筋というものだ。私は貴方を信じています、と誰かがいったとき、それは、貴方と喧嘩《けんか》する準備もやっていますという意味ですか、と問い質すのは酒場では面白い会話でありえても、憲法の場にはふさわしくない。

またここでいわれている「公正と信義」は、文意からすると、日本が戦争状態に直面しても、平和愛好勢力が日本の安全と生存を「守ってくれる」ということを含んでいる。仮に平和愛好勢力というものがあり、また仮にそれに日本を守りたいという願望があったとしても、そうする力量が平和愛好勢力に備わっていないとき、日本はいったいどうするのか。さらにいうと、平和愛好勢力が日本と同じく他国の公正と信義のみを信頼して振る舞うとすると、平和愛好勢力圏とは無防備地帯のことだということになる。その圏外に武装した勢力があるとき、圏内における「信頼」とはいったい何のことなのか。＊――また、平和愛好勢力とはアメリカのことだというのなら、ピース（平和）はその原義通りにパクス（平定）と解釈されなければならない。つまり日本を平定したアメリカが公正と信義に満ちているとみなすのであるから、それはアメリカ軍を「解放軍」と位置づける見方だということになる。さすれば、これは「解放軍に依存して日本の安全と生存を保持する」という日本属国化の表明にすぎない。――＊

＊――大方の防衛論では、セーフティ・アンド・サヴァイヴァルつまり「安全と生存」を最高目的として議論がなされる。しかし国家論としていえば、インディペンデンス・アンド・セルフレスペクト（自立と自尊）のほうがより上位の価値序列にあるとみなければならない。厄介なのは、「自立と自尊」を保持するために「安全と生存」を何ほどか犠牲にしなければならないときもある、ということである。どうしても「安全と生存」に固執したいのなら、その国は最強軍事国の属領となるほうを選べばよいということになる。まさに属領になったのも同然の被占領状態のなかでつくられた憲法であるから、自立心と自尊心の一片もないこうした文章が出来上がったのも、当時としては、やむをえぬ成り行きである。しかし、それから六十年近くも閲《けみ》して、日本国民の自立自尊を妨げるかかる文章が憲法に認《したた》められているというのは国辱物だといわなければならない。

――＊

「専制と隷従、圧迫と偏狭を地上から永遠に除去しようと努めてゐる国際社会」というのも嘘《うそ》話に近い。国際社会の歴史の縦糸《たていと》の一本としてそのような努力がつづいているのは確かであろうが、それと織り合わせることのできぬ横糸が「専制と隷従、圧迫と偏狭」を維持したり強化したりしているのであり、したがって世界史の織物はなかなか仕上がらぬのである。むしろ「専制と隷従、圧迫と偏狭」を除去することは永遠に不可能だとみるのが賢明というものだ。

もちろん、日本がその永遠に不可能なことを永遠に除去しようと努めるのは、理想としては、文句なくよいことである。目的についてならば、それを高い次元においたとて構わない。だが、専制と隷従、圧迫と偏狭を「除去」するというのは手段にかかわる話である。言葉のみによってそれらを除去することができないとしたら何によってなのか、それについて語らなければ「努めてゐる」ことにはならない。「専制と隷従、圧迫と偏狭」は侵略戦争の社会的土壌である。戦争について平和主義を唱えることは、それらの除去について断念することにほぼ等しいのである。

さらに「恐怖と欠乏から免かれ、平和のうちに生存する権利」とは何のことか。たとえば「アメリカ独立宣言」では、「生命、自由および幸福の追求」（傍点は筆者）が「天賦の権利」として認められている。「天賦」という自然法的な思想のことにこだわらなければ、この趣旨は了解できる。つまり、それらのよき状態を「追求」する権利が国民にあるということに異論のあろうはずがない。「権利」という概念の意味合についてはあとで言及することにして、ここで確認しておきたいのは、恐怖のない状態としての安全、欠乏のない状態としての富裕そして戦争のない状態としての平和を「追求」する権利が認められていても、その追求がかならず成功する保証はどこにもないという点である。

この「追求」という一語を、故意か偶然か、入れなかったことが権利思想を混乱させた元凶であると私は思う。たとえば、安全を追求してもそれが十分に達成される保証は一般にないのだが、その結果をもって、当該者の権利が満たされていないといって不平をいうような権利思想がますます拡大しているのである。

もちろん、何らかの状態を追求することを権利として認めたことは、それが「よき」状態であると判断したことであり、それゆえ、その価値判断に沿って最大限の努力をしなければならぬという義務が政府に生じはする。たとえば、国民の安全確保を目的として警察などの機構を整備しなければならぬ。しかし、警察の強化にも限度があり、またあるべきであり、それゆえ犯罪は絶対になくならず、その結果、国民の安全はつねに脅かされる。これをもって国民の安全の権利が蹂躙《じゅうりん》されていると騒いでも詮《せん》ないのである。

しかもこの前文では、そうした権利を「全世界の国民が、ひとしく……有する」ということになっている。したがって、「何らかのよき状態を結果として享受する」ことをもって権利とみなすなら、技術大国日本としては大変なことになるのだ。つまり、恐怖と貧困と戦乱に喘《あえ》ぐ他国民に日本人は援助を与えつづけなければいけないことになる。私自身は、あとで触れるように、国際社会における最低保障の実現ということを重要な価値とみなしている。そして、その価値の達成が至難だと思えばこそ誤解されやすい権利思想を世界に向かって口先だけで宣言してみせるのは軽率だと思うのである。

第三段落は、憲法制定時の国際関係にかんする認識水準からみてもやむをえなかったのであろうが、国家の（対外的な意味での）主権についてあまりにも調和的な見方をしている。つまり「自国のことのみに専念して他国を無視してはならない」ということと「自国の主権を維持」することとのあいだに矛盾が起こりうることについて無頓着だということである。他国の要求が自国の主権を侵害するほどに強烈であったり切実であったりすることは国際社会にあってけっして例外的事象ではない。紛争や戦争が国際社会に絶えることがないのはそのためである。そうした紛争や戦争を防止したり制限をしたりするために国際ルールがつくられる。しかし国際ルールの形成はまだその緒についたばかりである。

＊――国際ルールの形成について考えるとき、「政治道徳の法則は、普遍的なものであり」という文章くらい有害なものはない。つまり、政治道徳は各国に個別的なのであり、そうであればこそ国際ルールによってこれらを調整させる必要が生じる、と考えるべきである。そうしなければ、コスモポリタニズム（世界連邦主義）あるいはグローバリズム（世界主義）が幅を利かし、そして世界政府なり世界標準なりをどう定めるかという段で、世界最強国つまりアメリカの政治道徳に右に倣えしなければならなくなるのだ。

とはいえ、各国に特殊な政治道徳をいかに調整するか、その調整を司る国際ルールをいかに定めるかという作業において、普遍的な政治道徳の存在を、「抽象的」には、想定しなければならない。換言すると、調整の支点なり価値基準なりルールの尺度なりを考究する必要が生じるということである。そのようなものとして、たとえばヒューマン・ライト（人間の権利、人権）という抽象的な観念が重要とされる、ということが起こる。だがその抽象的観念に具体的内容を盛り込もうとすると、ただちに、各国における人間観や社会観や文明観の違いが表面にせり出してくるのである。いずれにせよ、世界に普遍的な政治道徳の法則に「従ふことは……各国の責務であると信ずる」のは度外れの軽率もしくは偽善である。国際ルールの形成過程とは、普遍的・抽象的な政治道徳は何かということをめぐる各国の個別的・具体的な主張のせめぎ合いのことなのである。――＊

もし国際ルールが整備されるならば、個別国家の主権はそのルールの制限に服すべきことを憲法に明記すべきであろう。しかし国際社会はそこまで成熟していない。だが国家主権に執着しすぎれば、国際ルールの整備はいっそう遠退《の》くであろう。つまり、原理としては国家は制限主権しかもちえぬと弁《わきま》えるほかないのだが、その制限の質量については確信をはばからざるをえないのが国際社会の現状なのである。

日本国憲法の前文は、各国が主権を主張し合っても、それは深刻な葛藤を惹《ひ》き起こすことなく世界連邦的な調和へと至るはずだと、何の根拠もなしに、楽観しているようだ。それは、おそらく、紛争や戦争を起こすのは枢軸国がわの悪い国そして悪い指導者の責任であって、それらを退治したからには、世界連邦の形成も間近い、という終戦直後の、ほんの一時の、夢想に浸っていたからなのであろう。

もし自分が憲法起草者の役を宛てがわれたらという夢想にあえて浸ってみると、以上の日本国憲法批判にもとづいて、私ならば次のように憲法前文を書き直したいと思う。

前文

一九九×年(*——二〇〇×年——*)、日本市民を代表するわが憲法制定会議は、被占領体制にあって占領軍の指導により制定された日本国憲法を根本的に改正し、日本国家および日本市民の活動にたいし新たな規範を示すため、ここに新日本国憲法を制定する。

新日本国憲法は国民主権主義に立脚する。日本国民とは日本の伝統の中心にある人間および社会にかんする根本規範をこれまで担ってきた日本の人々およびこれからも担おうとする日本の人々のことであり、この人々にこそ主権が存する。日本市民は、自分らの決定を下すに当たって、国民の主権の下に服さなければならない。

それゆえわが国政は、その正統性にかかわる権威を日本の伝統を担うものとしての国民に発し、その有効性にかかわる権力を市民の信託にもとづいてその代表者が行使し、それによってもたらされる物質的および精神的な富を市民が享受する。これが国民主権主義にもとづく市民統治の政治原理であって、新日本国憲法はその政治原理を保守するものである。したがってわが憲法制定会議は、現在および将来の日本市民にたいし、日本国民の権威に従いつつ市民統治の権力を有効に発揮するよう要望する。

またわが憲法制定会議は国際社会に平和が到来するよう切望し、それゆえ、日本の対外的な権力は無制限ではありえず、他国の権力との調整が必要であるとみなす。この国家権力制限主義にもとづく国際的調整は国際社会の平和にとってのみならず日本社会の繁栄にとって不可欠である。したがって日本市民はその調整をより円滑にするため国際ルールの形成に貢献しなければならない。

わが憲法制定会議は対内的には国民主権主義と市民統治主義を、そして対外的には国家権力制限主義をそれぞれ政治の原理とし、以下、これらの原理を憲法条文のうちに敷衍し、日本市民にその遵守を要求するものである。

この前文は憲法にまつわる権力の問題にのみ焦点を当てている。一般に、長文の前文をもっている憲法は社会主義諸国の憲法がそうであるように——日本国憲法もそれに近い——イデオロギー過剰のものが多い。社会契約説もしくは社会設計主義にもとづいて建国のイデオロギーを宣伝するため、美辞麗句をふんだんに用い、その結果、前文が長たらしくなってしまうのである。憲法前文の本来の役割は、一つに憲法制定の主体がどこにあるか、二つに当該憲法下における権力の基本構造がどのようなものであるか、を明示する点にある。ちなみに、イタリア憲法の前文は、「仮国家首席は……イタリア共和国憲法を審署する」というふうに、訳文でたったの八十七文字の短さである。本来は、試案でももっと短い前文にしたいのであるが、「権力」にかんする論議が混乱している現状のことを考えて、あえて説明過剰の前文にしてみた。

試案では、第一に、「憲法制定会議」が新憲法の制定主体であることをはっきりさせた。それが「日本市民を代表する」というのはあくまで「会議」がわの主観的判断である。つまり、この会議は、旧憲法とのあいだに法的不連続を起こすことを意図しているという意味で、「革命」の会議であり、それゆえその会議に参集したものは本質的には「有志」にすぎない。それら有志が市民の意志を代表しているかどうか、革命にあってはその法的な根拠はなく、なべて有志たちの政治活動の規模と内実にかかっている。憲法制定議会といわずに、「会議」としたのは、議会といった場合、法的連続性に支えられた合法的集まりと誤解されやすいからである。

なぜ新憲法制定の手続きを日本国憲法の第九十六条〔改正規定〕にもとづかせることができないのかというと、試案の改正が日本国憲法の根幹部分を変更することをも狙っているからである。シュミット注(一)によれば、憲法は根幹の第一次的部分としての「憲法」と枝葉の第二次的部分としての「憲法律」とに分かたれる。そして既存の憲法の枠内にとどまりながら――たとえばその改正規定に従いながら――その根幹たる「憲法」を変更するのは価値的にも論理的にも矛盾だとされる。私もそのとおりと思う。日本国憲法も大日本帝国憲法にたいする「革命」であったし、試案憲法も、以下で説明するように、日本国憲法にたいする「革命」を意図している。そうである以上、革命制憲会議を自立的に構成するしかないわけだ。

「革命」がどのような様相を帯びるかは状況による。望むらくは、余計な犠牲を避けるために、社会革命や政治革命を伴わない単なる法制革命ですんでもらいたいものだ。その場合には、旧憲法下での代表からなる議会を有志からなる会議に手続きの上で変更すればよい。その変更が有効か否かは、偏《ひとえ》に、それら代表＝有志がどの程度世論を掌握しているかによる。

だが、世論のことを問題にするならば、逆に、「革命」を回避することも可能になるのである。つまり、憲法の根幹部分としての「憲法」といえどもかならずしも一義的な解釈しか許さないものではない。たとえば、大日本帝国憲法におけるいわゆる「天皇大権」もその本来の趣旨は象徴的儀礼という点にあったのであり、その儀礼を実効あるものに歪曲《わいきょく》した旧軍部のやり方はむしろ大日本帝国憲法にたいする違反であったのだという解釈を出せないわけではない。同じようにして、試案憲法も日本国憲法にたいする一つのありうべき解釈体系だということもできる、そうならば、解釈の上では、法的不連続は生じない。今のところそれらが法的不連続とみえているのは、世論の多数派がそれらの解釈体系を承認していないからであるにすぎない。つまり、私があえて「法制革命」といい、そのための制憲会議のことをいうのは、一つに、現在の世論状態――学者連中の憲法論を含めて――にあって憲法の抜本的改憲のことをいうのは至難であることを認めるからであり、二つに、そういう世論状態になって不思議でないほど、大日本帝国憲法も日本国憲法も特定の——私には承服できない——イデオロギーに包まれてきた、ということをいいたいからだ。要するに、「革命」を想定しなければならないくらい憲法問題は厄介な事情にあるということを世論が知るならば、実は、「革命」は不必要になるという逆説が成り立つのである。

さて、試案前文が強調したいことの第二は、「国民と市民」の区別である。日本国憲法においてもそうであるが、日常的用法における国民という言葉は、今現在において生存している（一億二千万人の）市民のことと同義である。＊——シチズンの原義は「国家への忠誠という義務との引き換えで国家から保護してもらう権利を有する人」ということであるから、それはナショナル・ピープルと区別され難いものだ。しかし日本語の日常的な用いられ方では、市民とは単に日本国籍を有している人、さらには単に日本の国土において生活している人をさすのである。——＊本稿においても、これまではナショナル・ピープルとシチズンを、つまり国民と市民を区別しないできた。しかし、とくに憲法論議にあって、この等置は価値と論理の混乱をもたらさずにはいない。というのも、憲法とは、基本的には、長期にわたって存続するものであり、それゆえ憲法でいう国民には長期にわたる様々な世代の市民が含まれているとみなさなければならない。たとえば、「国民の総意」といったような言葉を憲法で用いるとき、それは現在世代の意見のみをさすのか、それとも過去世代の意見や未来世代（に予想される）意見をもさすのかとなると、当然後者でなければならない。

わざわざいうまでもないことだが、過去世代の意見を振り返ったり、未来世代の意見を見通したりするのは現在世代ではある。しかし現在世代がそのような過去への遡及《そきゅう》や未来への展望に十全の努力を注ぐ保証はない。そうであればこそ憲法は、たとえば「国民の総意」という通世代的な規範によって箍《たが》をはめることにより、現在世代が自己の意見にのみ固執するのを押さえようとする。

ほかの言い方をすると、国民とは仮想的な人間集団のことである。ある国家の歴史をつらぬく伝統的精神を具現しているような人々の集まりを仮想してみて、それを国民と名づけるのである。それにたいし実際に今生存している市民は伝統的精神から逸脱することもあるしこれを破壊することもある。愚昧《ぐまい》に落ちることもあれば軽挙に走ることもある。狡猾《こうかつ》に振る舞うこともあれば虚無に沈み込むこともある。過去においてもそうであったし、現在においてもそうであるし、未来においてもそうであろう。しかし、歴史が屈曲や湾曲を経ながらも連続し、なおも存続しようとしているところをみれば、各世代の不完全極まりない営みをつうじて、配慮せざるをえない、評価せざるをえない、依拠せざるをえない重要な英知が歴史のなかに堆積され持続しているはずだ。それを伝統的精神とよぶならば、伝統的精神を担う仮想の人々が国民だということになる。

このことに関係して、第三に、主権は国民にあるのであって市民にあるのではない、と試案は考えている。国民は伝統的精神の担い手という理念的の存在であり、そして主権なるものも理念的の性格をもつ。至高の権力あるいは最高度に優越せる権力としての主権は、それ自体が理念的のものであり、それゆえ実在の市民という断じて理念化するには値しないものに授けられるべきではないのである。天皇をもって主権者とするときは、天皇の「地位」そのものがすでにして理念的のものであるから、権力というものにかかわる位相問題としては齟齬《そご》がない。しかし市民を主権者とするのは、不完全性の位相にある市民に完全性の位相に属する主権者の地位を宛てがうことにほかならない。これにたいし国民は、人々の認識と価値の根底を支える伝統的精神の持ち主なのであってみれば、準完全性の位相にいるとみてよく、それを主権者とすることに大して無理はないといってよいであろう。

つまり、主権というものを絶大なる「権威」の源泉としてとらえるときには、主権者などこの世に実在しないということである。実在の市民は権威ではなく「権力」を有する。実在の世界で事を決するのは市民――あるいは市民から信託を得た代表者――でしかないからである。その市民の権力の質量は実在界にたいしていかなる影響を与えたかという意味での有効性を基準として測られるほかない。その権力が権威をも表現できるとしたら、それは、その権力行使が主権（つまり伝統的精神）との繋がりを明確にしうる場合にかぎられる。

ここでいわゆる「ノモス主権論」[注(一)]に触れておかなければならない。「ノモス」とは法の根本原理というくらいの意味であるが、このノモスこそが一切の事柄にたいする根本規範であると尾高朝雄は考えた。そして戦前日本と戦後日本のあいだにノモスの切断がないのであってみれば、またそんなことは起こり難いのであってみれば、天皇主権か国民主権（私の用語では市民主権）かの争いは仮象のことあるいは第二義的のことにとどまる。

試案の考えは尾高のに近い。なぜなら、伝統的精神の核心はルール・マナー・エチケットの体系――つまり法の体系――という点にあるからだ。伝統的精神は、不完全な人間が、不調和を伴う人間関係において、なおもかろうじて平衡を保とうとする際の知恵であり、その知恵は生き方、付き合い方あるいは表現の仕方といったような形式の体系となって伝統のうちに蓄蔵される。その形式的体系こそルール・マナー・エチケットといわれる法律および慣習の体系にほかならない。そうした体系の根本原理がノモスなのである。

もちろん、すでに述べたように、「最終の意志決定主体」という側面で主権者をとらえる場合もある。これをとりあえず「決定主権」とよぶことにすると、「決定主権」が実在するとしたら、それはルソーのいう全体意志でしかない。つまり個別集団もしくは特定個人が、全体の意志を偽装しつつ、自己の個別意志を全体に押し付ける場合である。その最も明白で最も極端な場合が独裁者のもつ「決定主権」である。民主主義はそのような全体意志としての「決定主権」を排除するところに成立したものだ。「最終の意志決定主体」など実在してはいけないというのが民主主義の原理ではないのか。

ここで民主主義ととりあえずいってみたのはデモクラシーのことである。デモクラシーは、実在のものとしては、集団的意志決定における「多数参加とそこにおける多数決」のことしか意味しない。つまりデモクラシーを民主主義と訳したのは間違いだったというべきであろう。なぜなら、「民主」とは実在の市民に主権があるということを意味してしまうからである。それは素直に「民衆《デモス》の支配《クラティア》」あるいは「市民の支配」と訳されていればよかったのだ。

デモクラシーにおける「多数参加と多数決」はけっして「最終の意志決定」を含意しない。デモクラシーが「言論の自由」を必須の条件とするのは、多数派の意見が少数派の意見よりも劣っているかもしれないという可能性に、そしてそのことが言論によって明らかにされるという可能性に、眼を開いているからだ。デモクラシーにおける多数決はつねにそれが暫定的で便宜的な決定にすぎないことを自覚している。それを「最終の意志決定」とするのはトックヴィル[注(三)]のいうところの「多数派の専制」であって、真のデモクラシーではない。

しかし、そうであるにもかかわらず、自由言論という時間と費用のかかる手続きを省かざるをえないような緊急事態が発生しうる。そのとき、何らかの個別集団あるいは特定個人が独裁的もしくは擬似独裁的な権力を行使して、その危機的状況のなかでの「最終決定」を下さなければならない。デモクラシーは、「危機」に直面すると、みずからを否定せざるをえない。そうであればこそ、危機が通り過ぎたときにふたたび自己を取り戻すことができるよう、デモクラシーは緊急事態にたいする対処を準備しておかなければならない。ともかく、実在レベルにおける「決定主権」が問題となるのはこの危機の局面においてであって、平穏な事態にあって自分こそが「決定主権」をもつと名告《なの》りを上げるのはデモクラシーにたいする反逆だ。それもそのはず、国民（私の用語では市民）という全体集合が意志決定を下せるわけもないのである。

第四に、試案では対外的な国家権力を制限しようとしている。もし国際社会が世界に普遍的な伝統精神を残すほどに濃密な国家関係を展開してきたのならば、国内におけるのと同じく、その国際的伝統精神を国際社会における主権とみなさなければならない。しかし国際社会はまだそのような歴史をもつに至っておらず、一方で国際ルールを形成しようとする努力もつづけられているが、他方では国際社会は異なった国益の直接に衝突し合うルールなきジャングルでもありつづけている。したがって国際的伝統精神としての主権などを国際社会に見出しようがないのである。

だが、同時に、国際的な相互依存関係が二国間交渉や地域的協定などをつうじて発達しているのも確かである。それゆえ、民族主義はなやかなりしころにいわれた「国家主権」という考え方は否定されざるをえない。自国の決定が他国に影響を与えるという状況にあっては、個別国家が自国にたいして主権を、つまり何ものによっても制限されることのない権力をもつというのは、国際社会の相互依存関係にとって破壊的である。あらゆる国家は自国について制限された権力をしかもつべきではないのである。

しかし、この対外的な被制限権力がきわめて不安定な状態におかれていることを承知しておかなければならない。国際社会に伝統が欠如している以上、各国の対外的権力にレジティマシーつまり正統性を付与するのは困難である。国家の対外的権力を理念的に支えるのは、せいぜいのところ、ジャスティフィケーションつまり正当性の観念である。そして、この正当性においてまさに分裂が生じざるをえないのである。つまり一方では、コスモポリタニズム（世界連邦主義）といった類の民族国家間の同質性を強調する理念があり、他方では、ナショナリズム（民族主義）といったような民族国家間の異質性を強調する理念がある。国家の対外的権力は、これら両様の理念に、正当性の根拠を求める。しかしコスモポリタニズムとナショナリズムはほとんど二律背反の関係にあるため、この正当化作業は順調には進まない。

そこで第五に、国際ルールの問題が出てくる。ルールの下に、コスモポリタニズムによって正当化される連帯志向の国家権力の行使と、ナショナリズムによって正当化される敵対志向の国家権力の行使とが調整されるのである。国際社会の未来像を世界連邦における連帯関係として描くか、国益衝突の敵対関係として描くか、それともルールによる連帯と敵対それぞれの調整関係として描くか、私は最後のものをとる。その理由は、様々な民族国家に、宗教やイデオロギーによる画一的な統治から徐々に脱して「ルールによる支配」に接近していく傾向がみられるからである。この国家の内面における傾向は、早晩、諸国家の外面的関係にも及ぶであろう。

*――つまり試案は言葉の真の意味でのインターナショナリズム（国際主義）に立とうとしているということである。異なった歴史を、それゆえに異なった国柄を有する国々のインター（際《きわ》）において発生する関係を大事にしようとすると、「自国の国益を重んじつつ国際ルールの形成に参与する」という姿勢が肝要になるということだ。なお、ここではナショナリズムつまり国民主義を、通常の理解に従って、国際主義と対置させているが、本来は、両者は深く結びついている。なぜなら、ネーション・ステート（国家）は、それを外面でみればインターナショナル（国際的）な関係の束であり、内面でみれば（北海道から沖縄までといった）インターリージョナル（域際的）な

関係の集まりであるからである。この両面において平衡を保ちえているならば、ナショナリズムはむしろ称賛されて然るべき国家の在り方といわなければならない。

留意しておくべきは、「ルールによる支配」にあっては、ルールの範囲内にとどまるのならば、敵対行動も許されるということである。また、ルールは侵犯されることをあらかじめ予定しているのであり、それにたいしてはサンクションつまり制裁をもって対処するしかないということも確認しておいたほうがよい。つまり、これまでのコスモポリタニズムにあっては、世界連邦を構想するのはよいのだが、その連邦をたとえば人類愛のような性善なる感情と行動によって塗りつぶされたものとしてとらえがちであった。国際社会にルールが必要だとみなすのは、異なった国益のあいだの衝突がやむことがなく、それがルール侵犯という激しい形態をとることも大いにありうる、という認識に立てばこそなのである。

また、これまでのナショナリズムにあっては、国際社会にルールがないものと前提した上での国益を拡大し守護しようとしてきた。しかしそれでは、国益の衝突による国際社会の不安定化のために、長期的には、各国が自己の国益について確実な展望をもてなくなってしまう。逆にいうと、国際ルールが安定したものとして樹立されるのは、そのルールによって各国の異なった国益のあいだの相互関係が安定し、そのことによって各国の国益の長期的見通しが確実なものになるときである。そして諸国益の相互関係が安定するのに必須のことは、シビル・ミニマムつまり最低保障が国際社会においても達成されることだ。

現在の国際連合――これは第二次大戦の戦勝国（連合軍）がわのヘゲモニーを確立するためのものだ――がこうした国際ルールの形成を円滑に進めることができるか、覚束《おぼつか》ない話ではある。そうかといって、それに取って代る国際組織が生まれる気配もない。実際的には、国際社会が「ルールによる支配」によって統御されるのはずいぶん先のことだというべきなのであろう。国際ルールの内容を如何《いか》なるものにするかという段になるや、国際連合の場そのものが「ルールなき闘い」の様相を示すこともあるのであろう。しかし、それにもかかわらず、国際ルールの必要は次第に広く世界に浸透せざるをえない。そしてルール形成をめぐる諸国家の闘いも、闘いのテーマがルールという何ほどか普遍的な課題であるために、各国がそれぞれに特殊な国益を露骨に主張するということも少しは抑制されると思われる。

とくに日本は、自由貿易によってしかその物質的基盤を確保できないという事情にあるため、国際社会が「ルールによる支配」によって律せられることから多大の利益を得る立場にある。そうならば、国際ルールの形成のために費用を投じる責任が日本にあろうというものである。日本国憲法前文（第二段落）で「国際社会において、名誉ある地位を占めたいと思ふ」といわれるのだが、「名誉ある地位」は国際社会を真の社会たらしめる作業に、つまり国際社会が「ルールによる支配」を受けるようにするための作業に、積極的に参加することによって与えられるのだ。「平和を愛する諸国民の公正と信義に信頼して、われらの安全と生存を保持」しようとするような甘えたやり方には、むしろ「不名誉な地位」が宛てがわれて然るべきである。

まとめていうと、試案前文がいわんとしているのは、国家の権力を対内的には伝統（歴史的ルールの体系）の権威にもとづかせ、対外的には国際ルール（の展望）に結びつけるということである。そうすることによって対内的には民主主義（私の用語でいえば市民主権主義）を、そして対外的には観念的平和主義を、国家の根本規範たる憲法から放逐しようというわけだ。加えて、日本国憲法に横溢《おういつ》しているヒューマニズム（人間礼賛の性善説）の思想と進歩主義（伝統破壊に進歩を見出す楽観論）の思想にも絶縁を宣告したいのである。

なお、各段落の末尾が「日本市民は……しなければならない」あるいは「わが憲法制定会議は……日本市民にたいし……をするよう要求する」というふうになっているのは、憲法がほかならぬ「規範」の、つまり人々の従わなければならぬ基準の、大本であることをはっきりさせるためである。憲法に権利宣言的の色彩を帯びさせることが必要になるのは、専制君主のような抑圧者がいて、その抑圧者にたいし、これまで抑圧されていたものたちが自分らの権利を認めさせるような場合にかぎられる。

日本国憲法は、戦前の体制が人民にたいし抑圧を強いてきたという（占領軍の）認識にもとづいているので、権利宣言めいた文体が随所にみられるのではないか。たとえば「われらは、これ（日本国憲法）に反する一切の憲法、法令及び詔勅を排除する」（傍点筆者）という言い方は、そのような違憲行為をなす権力があると想定した上で、それを「排除」しようというものである。この種の権利思想は、旧抑圧体制が——そのようによばれるべきものが仮にあったとして——消滅に向かうとき、二重の意味で肥大化する、もしくは空無化する。一つに、権利思想が抑圧体制という障害物をなくして自動的に拡大しはじめることであり、二つに、ありもしない抑圧体制がなおも存在しているかのように虚構することによって無限定の権利の主張を正当化するという欺瞞がはびこることとである。日本社会は戦後の時代の当初からこうした権利思想の轍《わだち》にはまっている。＊──「憲法は国家権力の機能を制限するためのものだ」という大方の憲法学者の見解は歪み切っている。一つに、国民から遊離した国家は長期的に存続しえないし、二つに、先進諸国の国家はすでに十二分に国民のものとなっているのである。──＊その歪んだ憲法解釈を断ち切るためにも、憲法が市民にたいして規範を課すものであるという当たり前の原則を憲法前文のうちに表現すべきだと思われる。

一、日本国民伝統の象徴

──天皇について──

天皇は、日本国の象徴であり日本国民統合の象徴であつて、この地位は、主権の存する日本国民の総意に基く。

──日本国憲法第一条

このいわゆる「天皇条項」については、第一に、「象徴」ということの意味から検討してみなければならない。大概の憲法学者は、象徴という言葉を法律に馴染まないもの、文学的にすぎる言葉、とみなしている。そして反体制の姿勢をもつ人々は、天皇は単なる象徴に「すぎない」、ととらえる。たとえば、天皇が市民の代表だとすれば天皇と市民のあいだに内在的同質性が想定されているということになるが、天皇が市民の象徴だということは、天皇が市民にたいして外在的に超越していることを意味するというのである。そこから天皇の行為は法的には、市民の行為と乖離《かいり》している、という解釈が導かれるわけだ。

法的解釈とやらがそのようなものにすぎないのなら、法学とはなんとつまらない学問であることだろう。外在的超越であることを法によって定めるということの意味を法学は理解できないわけである。法は人間の言語活動における規範的な次元を体系化したもののはずである。そして規範的語彙群のうちに象徴という言葉があることは世人の常識である。世人の常識を汲み取ることができないばかりか理解できないとなれば、法学のがわこそが社会に外在し社会から超越しているというしかない。

規範の体系は人々の主観における価値の体系を社会的に制度化したものであり、そして価値の体系は、究極的には、超越の次元を志向している。そうならば、根本規範の体系としての憲法のうちに超越の次元が顔を覗《のぞ》かせて当然である。それが天皇である必然は、論理的には、何もないが、超越の意味づけを拒否するようなものは社会にかんする学問として失格であろう。価値は——人々に共通の超越次元への志向も含めて——まぎれもない社会的実在である。その実在に触れるのを禁忌とするのは神学にすぎない、しかも偏《かたよ》った神学にすぎない。

憲法は、たしかに、世俗の事柄にかんして根本規範を与えるものであり、したがって超越次元の事柄にかんして憲法は口数を少なくせざるをえない。世俗を越えることが超越なのであってみれば、「象徴」について憲法が規定をほどこすことは超憲法的な規範を憲法のうちに盛り込むことになる。それでよいのである。超越という外部の世界をおぼろにせよ想定することによって、世俗という内部の境界線がむしろはっきりさせられる。またそのいわば半透膜のような境界線をつうじて、世俗の価値にも超越の価値が影を落としているということも明確になるわけだ。

他方、親体制の姿勢をもつ人々も、天皇を象徴というような曖昧《あいまい》な地位におくのではなく、より積極的に国家元首の地位を宛てがえと主張する。元首論については、試案を提示するところで言及することにして、ここでは、元首は象徴よりも価値論として地位が低いのだということを確認しておきたい。国家の機構は――元首の地位も含めて――たかだか世俗の事柄に属する。天皇を国家元首にせよということを過度に強調するのは天皇を世俗の次元に引き下げることになる。天皇論として必要なのは、むしろ、天皇というものの超越次元とのかかわりを明瞭《めいりょう》にすることだと私は思う。

そして「天皇ハ神聖ニシテ侵スヘカラス」（大日本帝国憲法第三条）というのよりも、天皇は象徴である、とする方が超越次元に向けられた表現としては明確なのだ。なぜなら、管見によれば、天皇は超越次元と世俗次元の境界線上に位置づけられる存在だからである。超越者そのものについては、キリスト教徒はゴッドを、仏教徒はブッダをというふうに、天皇とは異なるものを神聖と考えている。つまり天皇は、神聖の存在そのものではなく、神聖の領域が人間の精神世界にあるのだということを示すのである。その世界にゴッドをみるかブッダをみるか、八百万《やおよろず》の神々をみるか、その最高神を天皇とするか、それは市民の信仰の自由というものである。天皇制は、ただ、信仰の領域と生活の領域が無縁でおれないし、無縁であるべきでもないという人間の精神的現実の構造を象徴する社会制度である。そうだとすると、市民の天皇観にたいし神聖不可侵という感情的コミットメントを要求するわけにはいかない。象徴という感情中立的な表現のほうが天皇制の本質を射当てているのではないか。

天皇に神聖性を見出すとしても、それはフィクションとしてである。神聖領域の境界線に立つ制度的存在を神聖である「かのように」思いなし、ひとたびそのようにみなすならば、神聖そのものにたいするにふさわしい崇敬の態度をもって天皇に接する、このいわば象徴劇としての振舞いが私のいうフィクションである。この点さえはっきりさせられるならば、一方で天皇を現人神《あらひとがみ》とみなし、直接的感情を込めた信仰の対象とする所以《ゆえん》はないし、他方で天皇を元首にし、天皇の親政が政治の理想であるかのようにいう事由もないのである。

天皇の本質がプリースト・キングつまり祭祀《さいし》王という点にあるということを忘れるべきではない。あっさりいえば、最高位の神主もしくは神子《みこ》が天皇なのだ。それが神道の位であることは、後段で述べるように、日本の歴史に由来することで論理的必然ではない。いずれにせよ、神主は超越への媒介者ではあっても超越者そのものではない。同じく、神主は世俗政治に超越的価値の影を落とす媒介者であっても政治家ではない。聖と俗との媒介という天皇の微妙な地位が天皇論の要諦である。

むろん、媒介者であるからには、天皇は聖と俗との両義性をもつ。つまり、神聖である「かのように」みなされる側面と世俗の元首である「かのように」みなされる側面とが天皇にはある。この両義性をきちんと仕分けしておかなければ天皇の地位が過剰に宗教化されたり過大に世俗化されたりという動揺が起こる。したがって「象徴」のはたらきについては、憲法において少し詳しく規定しておくことが必要になると思われる。

天皇条項について指摘すべき第二は、「日本国の象徴」と「日本国民統合の象徴」とは重複なのかどうかという点である。前者は日本の国土に重きをおいた象徴――それゆえ対外的象徴――であり、後者は日本人民の象徴――それゆえ対内的象徴――であるという理解もあるようであるが、そのように理解したとて得られるものは少ない。まず国土と人民を分けることの意味が乏しいし、次に、国土を欠いた対内的象徴も人民統合を欠いた対外象徴もそれぞれ空語にすぎないからだ。

こうした不得要領の文句が日本国憲法に出てきたのは、「国」というもののもつ多面性を起草者も審議者もきちんと押さえていなかったからである。一つに、近代日本はいうまでもなくネーション・ステートであり、今後も見通すかぎりの将来においてずっと「民族（国民）とその政府」

でありつづけるであろう。つまり日本という国は文化的共同体――共同性の度合は時代とともに変遷する――としての「国民」という次元と政治的統合体――その統一の程度も時代とともに変化する――としての「政府（という統治体）」という次元とをもっている。もう一つに、日本という民族国家は、時間軸に沿っていえば「歴史」の次元をもっており、空間軸に沿っていえば「社会」の次元をもっている。

「象徴」がどの次元を象徴するのか、「統合」がどの次元の統合であるのか、それらを明確にしないままに手拍子を打つようにして言葉を遣うものだから、意味不明の重複句とおぼしきものが憲法に現れるという始末になる。しかし、憲法は学術書ではないのであるから、あれこれ細かな概念区分をやっているわけにもいかない。概念分類図を下敷にしながら要領を得た文章をつくるのでなければ憲法とはいえない。幸いなるかな、ここでの象徴は天皇象徴のことにかぎられている。天皇の象徴機能は主として日本の歴史にかかわっている。国民的伝統の英知の中心にあると想定されるいわば「聖なる観念」の歴史を主として象徴するのが天皇である。しかし同時に、その聖なる精神領域は現実の社会における統合の中心でもある。

つまり短絡となるのを恐れずに割り切ってしまうと、天皇は文化共同体の歴史を象徴するとともに政治的統合体の現実を象徴するということである。ほかの言い方をすると、天皇は歴史における国民的かつ文化的な「連続性」の象徴であるとともに、社会の現実における国家的かつ政治的な「統合性」の象徴でもあるということだ。

そして、繰り返し確認しておかなければならないのは、日本の歴史も現実もけっして単調単色ではなく、複雑な矛盾と深刻な葛藤をはらんでいたし、今もはらんでいるということである。そうした矛盾・葛藤において平衡を可能にするのがルール・マナーの体系としての伝統の知恵（連続性）であり、その知恵にもとづきつつ構成される法律・慣習（統合性）である。そして「象徴」という制度が必要になるのは、少なくともそれが有意義であるのは、その連続性を維持し統合性を確保するのがなまやさしい仕事ではないということを示唆するためである。

このこととのかかわりで念のため付言しておくと、文化的共同体とか政治的統合体というからといって、「共同体」や「統合体」がいわば実体としても存在するとみなしてはならない。実体としていえば、日本のような同質性の高いといわれている国にあってすら、いつも異質な諸文化の確執がみられ、つねに異質な諸政治の抗争がなされてきた。私のいう共同体・統合体はむしろ形式的のものである。そうした確執・抗争になんとか平衡を与えるものとしてのルール・マナーそして法律・慣習の体系が共同体・統合体の「体」をなすということである。

また天皇は、民族国家の象徴であるということそれ自体によって、日本が鎖国するのでない以上、対外的な象徴ともなる。対内的象徴と対外的象徴を別様にするということは考えられない。仮にそのような象徴の両建てというやり方をとったとしても、両者をより高い次元で統合する象徴のことを観念せざるをえず、そうなれば、それら二様の象徴は第二次的のものとされるのである。

問題は、天皇を対外的象徴の面でとらえるとき、それが諸外国の「聖なる観念」と果たして折り合いがつくかどうかという点である。ここでも、天皇を聖的存在そのものではなく、そうした存在（の観念）への媒介者にすぎないとみなすことにいわば思想的便益をみてとることができる。天皇は、国際関係の場裡における神々の争いには、つまり宗教対立には、関与しないのである。いいかえれば、天皇は外国へ向けて、「開放」されているということだ。天皇は、天皇の執り行う儀式面での神道的色彩――これについてはあとで言及する――からみれば、日本という民族国家の境界を「閉鎖」せずにはいない。しかし、その特定儀式をつうじて天皇制が象徴するのは宗教的儀式一般への、そしてさらには宗教一般への、肯定である。この肯定において、天皇制は異宗教を宗とする外国に向けて開かれているわけだ。私の天皇観が唯一のものでも最善のものでもないことはいうまでもないが、天皇論なしに、さらには天皇の意義を否定しておきながら、象徴天皇をその第一条に掲げた日本国憲法が思想的にみて極度にだらしないものであることくらいはそろそろ公に承認されてよいのではないか。

天皇条項の指摘されるべき第三の欠陥は――これが最も大きな欠陥なのであるが――「〈天皇の〉地位は、主権の存する日本国民の総意に基く」としている点である。前節で詳述したように、私ならば、「日本国民」のことを「日本の歴史上の総国民」というふうに解釈し、それゆえ、その「総意」なるものも、日本の歴史が残した伝統的精神の知恵のことだと解釈する。その場合、「主権」なる概念をどうしても用いたいというのなら、それはこの「伝統の知恵」のことをさすということになる。つまり、日本国憲法第一条の後半部分は「天皇の地位は市民が根本規範とすべき日本の伝統的精神にもとづく」という意味になる。そしてこのほうが、昔も今も、日本市民の常識に合致してもいるのである。

だが、主権や国民のことを私のように解釈するものは少ない。現存の市民を国民とよび、そしてそのようなものとしての国民を主権者とみなすのが常套《じょうとう》である。したがって、この文言は、市民の意志が天皇の地位すらをも左右するという意味で、「共和制」を宣言したものだと解釈される。実際、そのように解釈するのが憲法学者の主流でもある。天皇制を規定する条項が共和制の規定とみなされるということの大いなる矛盾を抱えたまま、なぜ護憲などをいうことができるのか、私は理解に苦しむ。

天皇が国旗や国歌と同水準の単なる記号めいたものであるというのなら、天皇条項を憲法の第一条にもってくるというのはいかにも平衡を失している。祭祀王を戴《いただ》くものとしての天皇制と君臨王を戴くものとしての君主制が同義であるかどうか――私は同義と思わない――はともかくとして、国家統治に君主制もしくは擬似君主制の体裁を与えるため、日本国憲法はその第一章を「天皇」と題したはずである。その（擬似）君主制が専制君主制になるのを避けるため、つまり立憲君主制にするため、その第一章で天皇の権限を規定したはずである。その章によって、日本の統治形態は民主共和制である、ということを再確認するというのは悪い冗談だというべきであろう。しかし日本国憲法はその冗談を許すような書き方をされているのである。

主権を実在としてとらえず、伝統的精神を担うものとしての仮想の「国民」が主権者だとする私の立場からすれば、「最終の意志決定主体」としての主権者が君主であるか人民であるかをもって君主制と共和制を区別するのは無効である。仮想の次元においては、天皇も国民もともに伝統的精神という歴史的観念にもとづくフィクションである。はっきりいえば、それらは歴史《ヒストリー》＝物語《ストーリー》の産物にすぎない。しかし、この種の歴史物語はなくてもよいようなものではない。それは人間が歴史的動物であるということ、その歴史は物語として語られるしかないということ、その物語のうちに「聖なる観念」が育つための胞子が蒔《ま》かれているということ、そしてそうした観念を抜きにしては人間社会の規範が成り立ちえないことを示しているのである。この歴史物語上の作品という点を強調するならば、御伽話《おとぎばなし》的の意味合を込めて、君主制の代りに「王様制」という用語を遣うよう提案したいくらいのものである。

なお、天皇制を一方では超越次元に上昇させ、他方で歴史物語の深みに下降させてしまうということは、実在するものとしての天皇御自身からは自由を剝奪《はくだつ》するということである。ただし、ここでの自由はあくまで公の事柄にかんしてのことで、公の場所では天皇は日本という民族国家の象徴に適合するような発言・行動をしかなしえないということだ。逆にいうと、天皇のなさる私的生活については、市民はその公的自由を剝奪したことの代償として、それをまったき自由として等閑視しなければならない。つまり天皇は——そして皇室の方々もその皇位継承の順に応じて——市民の一員ではないということである。たとえば、わかりやすい例でいうと、天皇にはその地位を自発的に退位する自由は与えられず、皇太子にも皇位第一継承者の地位を放棄する自由を与えるべきではないのである。立憲君主制とは、実在君主（もしくは「王様」）のがわからすれば市民社会から疎外されるということで、残酷な制度なのだ。それもそのはず、象徴とは当該社会から疎外されることによって超越の次元に据えられたもののことである。

民族国家の象徴をなぜヒトにするのか、なぜモノであってはいけないのか、という疑問が残る。モノであってはならない絶対の理由はないのである。ただ、それをヒトにすることの効果はけっして小さくはない。天皇制は、とくに明治維新以降、一世一元の元号制を採用してからは、歴史にたいして時代区分を与える大本の規範となった。人間が自分らの歴史にたいして与える時代区分は、人間が時間を意識する――ほとんど同じことだが、生が死に向かって進んでいるのを意識する――からには、時代にたいして人生観的の意味づけをほどこさずにはおれない。つまり、象徴的（とされた）人物の（ということは天皇の）生涯によって、市民はある時代を区切り、それに独得の人生観的意味づけを暗黙のうちに共同して与える。たとえば、民族国家の成長期としての明治時代とか老熟期の平成時代というふうにである。イギリスにおいてもヴィクトリアンとかエドワーディアンという言葉によって、これらの時代を共有した人々の共通性格を表すことは周知のところである。

欧米に一般的な「世紀」という時代区分でも、人間の最長の生涯が百年間くらいであるということに託して、人生観的の意味を与えることもできる。たとえば、十九世紀人とか二十世紀人とかいったふうにである。しかし世紀は基本的には自然時間であって歴史時間ではない。象徴的人物の生涯にもとづかせるほうが、人間および社会にとって必須の時間の歴史性と物語性を定着させやすいのである。

この意味で、元号は天皇にたいする敬愛を高めるために必要とされるのではない。逆に、いわば「時間の制度化」としての元号によって天皇制が支えられているのである。明治維新からの一世一元制により天皇性は日本人の「時間意識の制度化」を明白にし、戦後の象徴制により天皇制は日本人の、「超越的観念の制度化」を明確にしたといってもよい。天皇制は、その政治とのかかわりでいえば強化されたり弱化されたりといった振幅をみせてきたのだ。日本人の意識、観念の深層構造としてみると、図らずも、収まるべき場所に収まりつつあるといってよいのではないか。制度の形態としては天皇制は完成化の方向にあるのではないか。ただ、そうだということを追認する作業を市民のがわのみならず皇室およびその周辺もサボタージュしているため、日本人は自分らが——といっても占領憲法を受領するかたちで——認《したた》めた天皇制についてすら、意識の表層では、その意味をとらえそこねたままでいるようである。

なお、国家の象徴といえば、国旗・国歌の問題がある。各国の憲法を眺めると、国旗・国歌のことを憲法で規定しているものも少なくない。ただしその位置づけは、基本原則を定めた箇所であったり（イタリア、ドイツなど）、付則を述べた箇所であったり（ベルギー、ノルウェイ、社会主義諸国など）といったように、国旗・国歌は憲法のなかでの定住地をまだみつけていないようである。

日本の憲法において、まず、国旗・国歌の規定を設けるべきであろうか。次に、もしそれを規定するとしたら、どの箇所におくべきであろうか。私見では、日本人が「日の丸」の国旗と「君が代」の国歌を良識にもとづいて受け入れ、またそれらに敬意を払う（かのような）態度をとることを習得しているのなら、そうした「モノ象徴」にかんする規定を憲法でわざわざする必要はないと思う。「規範」はヒトの関係にかんする基準である。国旗・国歌も人間関係を律するための重要な手立てには違いないが、それらが人間関係のそして人間精神の派生物であることは否めない。国家にかんする人々の共同の「観念」がそうした「モノ象徴」を生み出したのであって、逆ではないということだ。

しかし戦後にあって、多くの日本人は、オリンピック・ゲームなどでは「日の丸」を振り、「君が代」を歌いながら、国内の公の行事にあって国旗掲揚や国歌斉唱を拒否するのに、羞恥《しゅうち》を感じるどころか、誇りを見出している有様である。そうすることによって国家観念から逃走している。なるほど、国家観念は危険なものではある。それが過剰に膨らまされるとき、国内においては抑圧がもたらされ、国際においては紛争が生じる。しかし「ルールによる支配」は国家機構なしには進展しない。また「ルールによる支配」がうまく進捗《しんちょく》しない不確実な未来に向けていかに新しいルールをつくり出していくかという集団的意志決定も国家機構のおかげで可能になる。このほとんど自明のことを日本人が忘れないようにするため、つまり国家観念の必要と必然を日本人に記憶しつづけてもらうために、国旗・国歌のことを憲法で規定しておくのがよいのかもしれない。

しかしその箇所は「天皇」にかんする章でないほうがよい、と私は思う。「ヒト象徴」たる天皇と「モノ象徴」たる国旗・国歌とを截然《せつぜん》と区別したいからである。ネーション（国民、民族）とステート（国家）の関係は微妙である。象徴天皇はネーションに本拠をもちつつステートにごく儀式的なかたちで関与するといった性質のものだ。他方、国旗・国歌はステートにかんするより直接的な象徴である。両者を混合させてしまうと、象徴天皇が国家主義に利用されたり、国旗・国歌という単なるモノに民族主義もしくは文化主義の負荷が過剰にかかってしまう。おそらく、国旗・国歌の規定は憲法の末尾におくべきなのであろう。つまり、憲法の初めの部分でネーションに傾斜した象徴を規定し、終りの部分でステートに傾斜した象徴を規定することによって、ネーション・ステートとしての首尾を一貫させるということである。

以上の日本国憲法批判にもとづいて、試案では次のように天皇を規定したい。

天皇

天皇は日本国民の伝統の象徴であり、したがって日本市民の統合の象徴である。

天皇は日本国の文化的代表であり、したがってそれに相応した文化的儀式を執り行う。

天皇の地位は日本国民の歴史的総意にもとづくものであり、したがって日本市民がその地位とその権能について決定を下すに当たっては＊——年号を指定する義務をはじめとして——＊日本の伝統からの制限を受ける。

第一段落において国民と市民を区別したが、その意味についてはすでに説明したところである。また「国民の伝統」が歴史の文化的連続性にかかわり、「市民の統合」が社会の政治的統一にかかわることについても解説した。

第二段落はもう少し説明を必要とする。「文化的代表」という言葉は、憲法用語の慣用からすれば、「文化的元首」とすべきであり、さらにはもっとあっさりと「元首」というべきところである。つまり、ヘッドと訳するにせよサヴリンと訳するにせよ、諸外国では元首の役割はますます文化的儀式の首長ということに限定されつつある。儀式が政治的のものであったとしても、それを文化的に修飾するのが元首の役割となってきている。この常識が日本でも通用するのならば、「天皇は日本国の元首である」としてよいのである。

しかし、日本では、元首という言葉は政治権力の首長という意味でとらえられがちである。そのような位置に追いやるのは日本市民にとってのみならず天皇にとっても迷惑この上ない。「文化的代表」と表現することによってこの弊は避けられるであろうし、またそうしたほうが天皇は文化的儀式の首長であるという意味がはっきりすると思われる。なお、ここで象徴と代表の差は如何と問うのはこだわりすぎというものだ。リプリゼント（代表する）とは「再び現前させる」ことであり、日本の伝統の象徴たる地位と権能を用いつつ、日本文化の本質と儀式をつうじて再現する、それが象徴天皇は文化代表でもあるということの意味である。

第三段落の意味するところについてもすでに説明した。つまり天皇の地位・権能は日本国民の長年にわたる歴史的総意にもとづくものであり、もし主権のことをいうのなら、「国民の歴史的総意」にこそ主権がある。これが国民主権主義であり現存の市民はその主権に服するかぎりにおいてのみ、天皇の地位・権能についての変更をなすことができる。このように明記することによって、天皇条項をもって君主制と読んだり、逆に市民の意思が天皇の地位すらをも左右するという意味でそれを市民主権（民主）制と読んだりすることを防止できるであろう。

なお、緊急事態における「最終の意志決定主体」という意味での主権を、つまり「政治主権」を、天皇がもつとすべきであろうか。もしもつべきであるのなら、天皇はやはり「元首」とよばれるのが自然である。というより、元首という言葉には、その仕事がいかに形式的なものに集中する傾きがあろうとも、危機においてこの「決定主権」にかかわるかぎり、政治的の意味での元首という意味合が残るのだ。

私は天皇が「決定主権」をもつべきだとは思わない。内閣や議会の助言によってその「決定主権」を発揮するのだとしても、天皇がその最後の布告者になるべきだとも思わない。「緊急事態の宣言」は日本の伝統の文化的代表者の行為としては不適当である。伝統の連続性とそれにもとづく市民の統合性が危殆《きたい》に瀕《ひん》するのが緊急事態、非常事態、危機的状態ということであるからだ。

もちろん、そのような危機をいくつも乗り越えてきてこその日本文化だという言い方もできるのであるが、その場合にも、天皇に「決定主権」をもたせるのなら、天皇の政治責任を誰がどのようにして問うのかという問題が残る。天皇を政治的に無答責だとみなすのなら、大日本帝国憲法のように「神聖不可侵」の条項を設けなければならない。しかしそのようにすれば、天皇の「決定主権」が悪用される余地が生まれるのみならず、「責任なき決定」という方式が政治的決定の頂点に据えられることによって、市民の政治道徳が腐敗に向かうかもしれない。非常の場合における「決定主権」は天皇以外のところに授けられるべきである。どだい、天皇の知りえないこと、天皇の果たしえないことについて天皇に最終決定の役を宛てがうのは、天皇から自由を奪うのが天皇制というものだとはいえ、酷薄にすぎる。天皇は市民が危機を回避するよう願望して下さればそれでよろしいのであって、その視線の高さこそが文化的代表にふさわしい。

日本国憲法では、天皇について、さらに第一条から第八条までの規定がある。それらについても部分的修正が必要だと私は思う。以下、それらにたいして試案を対比させ、簡単な説明を加えることにする。

皇位は、世襲のものであつて、国会の議決した皇室典範の定めるところにより、これを継承する。

——日本国憲法第二条

これは次のように変更する。

天皇は、皇室に直接的にかかわる公事については、皇位継承のことをはじめとして、すべて内閣の助言を受けつつ皇室の慣習に従ってそれを執り行う。

ここでは、一つに「公事」というものを規定し、二つに、その公事にかんしては「皇室の慣習にもとづく」ことを提案している。天皇の行う文化的儀式を皇室の内部にかかわるもの（公事）と政治にかかわるもの（国事）に分けるのが有益だと私は思う。そして公事については、それを「国会の議決した皇室典範」にもとづかせるのではなく、皇室の慣習に――内閣の助言という条件をつけた上で――任せるのがよい。なぜなら、天皇の象徴する伝統は、思想の論理として、市民の行う議決に優先するのだからである。戦前のように、憲法と別建てで皇室典範を（市民が）制定するのは、政治の次元に天皇大権をよび込む法的根拠となりうるし、逆に戦後のように、憲法の枠内で皇室典範を（市民が）制定するのは、市民主権を宣するに等しい。世俗の政治に直接のかかわりのない皇室内部の行事（公事）については皇室の慣習に従う、それが象徴天皇という脱世俗的な存在のあり方だと思われる。

またそうしておくことによって、皇位継承の資格がなぜ男系の男子に限定されるのかとか、皇嗣が皇位継承権を自発的に放棄することは可能なのかといったような――私にはどうでもよいと思われる――議論に巻き込まれないですむ。それのみならず、天皇の即位や崩御にまつわる儀式について、それらをいちいち国会討議にかけよ、などという議論を封じることもできる。もっといえば、皇室のことそれ自体よりも、「法の基礎は慣習にあり」という法規範の原点を示唆するという意味でも、皇室の公事を慣習に委ねたほうがよいのではないか。

天皇は、この憲法の定める国事に関する行為のみを行ひ、国政に関する権能を有しない。

——日本国憲法第四条第一項

これを次のように変更する。

天皇は、政治にかかわる国事については、この憲法によって定められる文化的儀式のみを行う。

日本国憲法の意図は明白であり、かつ賛同できるものであるのだが、その表記において混乱がある。まず「この憲法の定める国事」とは、第六条の「総理大臣の任命」と「最高裁長官の任命」、そして第七条の「法の公布」、「国会の召集」、「衆議院の解散」、「総選挙の公示」、「国務大臣などの認証」、「大赦などの認証」、「栄典の授与」、「批准書などの認証」、「外国大使などの接受」そして「儀式を行ふこと」に特定されている。このように特定されてしまうと、すでに指摘したような、皇室内部の「公事」にかんしてはどうか、という疑問が生まれる。

逆に、最後の「儀式を行ふこと」というのは国事の特定化には当たらない。なぜといって、天皇の行為はすべて儀式とみなされるべきだからである。

加えて「国政に関する機能を有しない」というのも間違った表現だ。天皇の行う文化的儀式も立派に「国政にかんする機能」の一つである。そうでなければ、市民は天皇に無機能の仕事を強要していることになってしまう。日本国憲法がいいたいのは、天皇の政治にたいする直接介入を禁止する、ということなのであるが、それならば、試案がすでに第一条にたいする対策として規定したことではあるが、天皇の国事へのかかわりを「文化的儀式」というふうに特定しておけばよいのである。

なお、天皇の国事行為については緊急事態および軍隊とのかかわりがある。「緊急事態の宣言」に天皇が関与しないほうがよいという試案の考え方についてはすでに明らかにした。軍隊とのかかわりについてはどうであろう。「天皇は日本軍の象徴としての文化的儀式を行う」という内容の規定を設けるべきであろうか。

天皇が日本国の象徴である以上、日本の軍隊にたいし象徴的影響を及ぼすことは確実である。しかし、だからといって、それにたいし天皇が文化的儀式をもって応対しなければならないということではない。軍隊は、少なくとも政府の構造からいえば、他の官庁と同列にある。他の官庁にたいしても天皇が特定の儀式を行うのならば別であるが、そうでないからには、軍隊にたいしてのみそれをなす特別の理由がなければならない。

私は「特別の理由」が、本来は、あると思う。それは軍人が他の市民のために死ぬこともありうべしと構えているという点である。しかもその死への構えは、偶発的事態への対処などではなく、軍隊というものが戦争を予定して成立しているといういわば構造的な姿勢である。この特殊な姿勢をもった軍隊という国家組織にたいし、天皇が特別に文化的儀式を与えることはかならずしも不自然ではない。

しかし、非常事態といい戦争状態といい、それら自体が政治というものの本質を剔《む》き出しにする状況である。つまり「ルールによる支配」が疑わしくなるような不確実な状態にあってなおも新たなルールの形成へ向けて意志決定をなすというのが政治の本質だとすると、非常事態や戦争状態はまさしく政治というものの本質が社会現象として浮上する状況のことだ。問題は天皇がこうした本質的に政治的な事態と、あるいはそういう例外的事態を予想した上での特別の政治制度と、直接にかかわるべきかどうかということである。

天皇制はそうした政治関与を避けるべきであろう。例外的事態とは、天皇制の本質にほかならない文化的儀式が順調に行われにくい状況のことだといってよい。そういう状況と隔絶することによって、天皇は文化的儀式の司祭たる地位を保持することができるのではないか。その意味で、天皇の国事行為のうちに「非常事態の宣言」や「軍隊にたいする閲兵」といった類のものを含めないほうがよいと思われる。

最後に、「皇室財産の授受」についてであるが、日本国憲法第八条では、それは「国会の議決に基かなければならない」となっている。天皇および皇室の行う「行事」は、皇室に直接かかわる「公事」についてであれ政治にかかわる国事についてであれ、国費によって賄われるべきものである。しかし「ヒト象徴」たる天皇には私生活がある。その私生活とのつながりで皇室財産のことが問題になる。

天皇・皇室の私生活は、それが非世俗的なるものとしての「象徴」の私生活である以上、そのプライバシーは世俗の市民にたいするよりもはるかに厳密に守られなければならない。しかし財産は、たとえ皇室のものであれ、本質として世俗的なものだ。超越次元に深くかかわるならば世俗次元の見本ともいうべき財産を必要とする。これは矛盾といえば矛盾なのだが、それはむしろ天皇をもって超越次元と世俗次元のあいだのマージナル・マンつまり境界人とするというフィクションからくる両義性なのである。

さて、「国会の議決に基かなければならない」とするのは、実際には大して不都合は生じていないようではあるが、これは私のいう市民主権の考え方にすぎない。「〔天皇の〕地位は主権の存する市民の総意に基く」という考えを財産問題に応用したのが日本国憲法第八条なのである。しかし逆に、この条項を廃棄してしまうと、それも実際上は大したトラブルにはならないであろうが、考え方としては、天皇・皇室を財産をつうじて過剰に世俗化させる因になるともいえる。皇室の内部問題は皇室の慣習に任せるのが考え方の基本線なのではあるが、財産は直接に世俗社会とかかわるかたちで増減するものだ。たとえば、皇室財産があまりに高い水準に達することになると、それは世俗社会にあって悶着《もんちゃく》の種となりかねない。結局、「国会の議決」と「皇室の慣習」の中間をとって、皇室財産の授受についても「内閣の助言と承認を必要とする」というくらいにしておくのが妥当なのであろう。

ついでにいっておくと、国会の議決ではなく内閣の助言・承認を採るのは、微妙かつ複雑な問題を判断するに当たっては、間接民主制にあって、より高次のレベルにいる代表に委ねたほうがよいという理由による。つまり一般世論よりも国会代議士のほうが、そして国会代議士よりも（議員内閣制によって国会で選ばれる）内閣のほうが細かな問題についてより賢明な判断を下すことができるのだ。

少なくとも、間接民主制あるいは代議制が直接民主制よりよいとされているのは、そうした見方に立ってのことである。

三　市民の「国防義務」
――戦争について――

日本国民は、正義と秩序を基調とする国際平和を誠実に希求し、国権の発動たる戦争と、武力による威嚇又は武力の行使は、国際紛争を解決する手段としては、永久にこれを放棄する。

前項の目的を達するため、陸海空軍その他の戦力は、これを保持しない。国の交戦権は、これを認めない。

前章までで、この条文を中心にして組み立てられた戦後平和主義の小児病めいた醜態については、ほぼ十分に検討したつもりである。ここではそれに逐条解釈をつけ加えるにとどめる。

このいわゆる「戦争放棄条項」の第一項については、第一に、「正義と秩序を基調とする国際平和」という表現に注目しなければならない。これは――第二章の注（四）で言及したように――いわゆる「芦田修正案」によって入れられた文言であるが、芦田が理解していたかどうかは別として、これは平和の種類を特定する言説だといえる。このことは、私の知るかぎり、まだ一度も言及されたことのない論点である。つまり、「正義と秩序」を欠いた平和というものもありうるのだが、日本国憲法は、そうした劣等の平和ではなく、「正義と秩序」に裏づけられた優等の平和を求めているということである。

平和とは国家間の武力衝突としての戦争がない状態のことである。したがって、たとえば、ある軍事強国が隣国を武力で侵略したとしても、その隣国が軍事的にあまりにも弱小であるため武力的抵抗をなしえなかったとすると、戦争は起こらないのであるから、それは平和の状態である。ただし、侵略を不正義とみなすのが国際社会の常識なのであってみれば、それは「不正義の平和」である。日本はその種の平和を希求するものではないと日本国憲法はいっていることになる。

なぜ、この当たり前のことを取り上げるかというと、戦後平和主義がこの当たり前のことすら理解できずに、第九条を盾にして、「不正義の平和」をすら容認しようとしているからである。たとえば、「戦争はすべて国益のぶつかり合いなのであって、正義の戦争なんぞありはしない」と公然といわれたり、一九九〇年八月二日から翌年の一月十七日までのクウェートにみられた「不正義の平和」を見過しにするのが平和主義だということになってしまっている。

たしかに正義が何であるかを確定するのには困難が伴う。それゆえ私は、宗教やイデオロギーによって正邪を即断するようなことはできない現代にあっては、「ルールによる支配」をいわば準正義とみなさなければならないと思いもする。しかしいずれにせよ、平和一般ではなく、「正義と秩序」を基調とする平和を希求するのだと日本国憲法がいっていることには一点の曇りもない。念のためにいっておくと、正義・秩序と平和とが同義なのだ、つまり「正義と秩序を基調とする」というのは平和ということの内容説明なのだ、などという言い逃れは論理的にも実証的にも通用するわけがないのである。

第二に、「国際紛争を解決する手段としては」という限定は、日本語として——実は英文においてもそうなのだが——「国権の発動としての戦争」と「武力による威嚇又は武力の行使」の双方にかかるということである。すでに指摘したように「国際紛争を解決する手段としての戦争」とは侵略戦争のことである。「自国の安全を保持する手段としての戦争」つまり自衛戦争をさえ放棄するというマッカーサーの当初の提案は——第二章第三節でもふれたように——民政局のケーディス次長によって修正され、侵略戦争だけが禁止されることになったのだ。このことはもう明らかなはずである。

しかし「国際紛争を解決する手段として」という言葉の意味を、パリ不戦条約やマッカーサー＝ケーディスの語法にならって解釈しなければならないという絶対の理由がないことも確かである。日常普通の語法に従って、一切の戦争そして一切の武力威嚇・行使は「国際紛争を解決する」ために行われるのであるから、第九条第一項は自衛戦争も含めてあらゆる戦争を放棄したのだ、と解釈する向きもある。というより、憲法学者の多数派意見をはじめとして日本の世論の大勢はその傾向にある。

わざわざケーディスが日本のためを考えて戦争放棄を侵略戦争のみに限定してくれたのに、自衛戦争も放棄したい、侵略されても武力的抵抗はしたくない、と叫び立てるそういう連中の魂胆が私には測りかねる。しかし変な連中がたくさんいるのが戦後というものなのだから、不平をいっても仕方ない。私が咎《とが》めたいのは彼らの日本語読解力についてである。つまり、「国際紛争を解決する手段としては」という挿入句、とくにそこにおける複合助詞「としては」についての解釈のことである。

日常普通の語法によると、「……としては」という挿入句を入れるのは、他との対比を強調する場合である。たとえば「あの男は――（勝れた職業人ではあるが）――家庭人としては、無能である」、「あの魚は――（煮物にすれば旨いが）――刺身用としては、最低だ」、「暴力は――（動物を馴らすのに有効な場合もあるが）――人間にたいする教育手段としては、有害だ」というふうにである。

もし、「国際紛争を解決する手段としての戦争と武力威嚇・行使は永久にこれを放棄する」という文章ならば、その「しての」は同格の意を表す、つまり戦争と武力威嚇・行使の内容を説明して、国際紛争を解決する手段だといっているのだ、という解釈も可能かもしれない。たとえば「無法の暴力を振るうものとしてのギャングは町から締め出さなければならない」というふうにである。しかし、「無法の暴力を振るうもの」＝「ギャング」という等式が成り立っているときに、「ギャングは、無法の暴力を振るうものとしては、町から締め出さなければならない」とは絶対にいわない。それが日本語というものなのだ。――もしそうした日本語の用法をわかっているなら、「国際紛争を解決する手段としては」というのは自衛戦争と対比して侵略戦争のことだと了解することができるであろう。それにしても、こうした小学低学年級のことを指摘しなければならないとは、日本の平和主義もずいぶんと低きに堕ちたものである。私が外国人なら嗤《わら》うところだが、日本人としては、恥ずかしいと思わずにはおれない。

しかし第三に、「国際紛争を解決する手段としての戦争」＝侵略戦争という等式を一般市民が知っていないのも事実である。「自国の安全を保持する手段としての戦争」は放棄しないと書かれていれば、両者の対比に誰しも気づくであろうが、そうでなければ、言葉遣いの乱雑な日本人のことだ、戦争一般の放棄のことと勘違いするのもむべなるかなといったところである。＊――ましてや、「予防的」なものならば、先制攻撃も自衛に含められるという（近年の）考え方は、その攻撃もまた「国際紛争を解決する手段」に当たるのではないかという疑問にぶつかり、第九条

第一項の解釈がさらなる混乱に見舞われる。――＊

さらにここには、直訳憲法の弊害が出てもいるのである。「紛争」は英語原文ではディスピュートである。つまり国家間の喧嘩・口論をさして国際紛争といっているのであり、それゆえ「言葉の戦さ」を武力で解決するのは侵略戦争だということになるわけだ。それにたいし自衛戦争は、敵国が自国にすでに武力的侵略をしていたり、侵略の準備を着々と整えたりしている（予防的な）場合の戦争である。つまり状況がすでにディスピュートの段階を越えたときにはじめて、自衛戦争が起こるのだ。したがって、インターナショナル・ディスピュートを解決する手段としての戦争は侵略戦争であって自衛戦争ではないということになるわけである。平和主義に味方する日本の憲法学者は日本語の「としては」ということの意味も知らないのだから英語を知るわけがないといえばそれまでだが、まったくもって役に立たない学者連中ではある。

日本語で紛争といえば、武力的紛糾のことも含まれる。したがって敵国の武力行動にたいして自衛のための武力行動を起こすことも「国際紛争を解決する手段としての戦争」のうちに含められてしまうということになりがちである。しかし武力的紛糾とはすでにして戦争のことではないだろうか。そうだとすると、平和主義のいっている戦争は「戦争を解決する手段としての戦争」という珍紛漢になってしまう。

そこで第四に、戦争とは何か、それを放棄するとはどういう意味かということが問題になる。戦争という言葉は、それを「武力衝突の状態」と解釈するにせよ「武力衝突への行動」と解釈するにせよ、ともかく武力衝突のことにかかわる言葉である。つまり武力の対外的行使そのものは、相手が武力で対抗しないかぎり戦争状態ではないし、相手の武力的抵抗が予想されないかぎり戦争（への準備）行動でもないのである。日本国憲法の起草者であるアメリカ軍人たちは、武力で侵略されても武力抵抗をしないような平和主義者のことは念頭になかったのであろう。また武力抵抗をなしえないような弱小国でもそれに武力支援を与える外国がいるものだとみなしたのであろう。したがって、武力侵略はかならず侵略戦争（武力衝突）になると考えた上で、それを放棄するよう日本に迫った。

しかし、軍事同盟による集団的自衛権はおろか専守防衛の個別的自衛権すら放棄する平和主義者が多数を占める日本のような国家をめぐっては、武力衝突は起こりようがない。それゆえ、厳密には、放棄さるべきは侵略戦争ではなくて、侵略的武力行動だということになる。「国権の発動」――宣戦布告を伴うような大規模な武力行動ということであろう――にせよ、「武力による威嚇又は武力の行使」――宣戦布告には至らない小規模あるいは一時の武力利用ということであろう――にせよ、それが侵略的なものならば、たとえ戦争状態にならなくても、それを放棄するということでなければならない。

最後、第五に、侵略的武力行動の多くが自衛を名目にして行われたという歴史的事実にもとづいて、自衛戦争を認めてしまうと侵略的武力行動に道を開くことになるというものがいる。第九条を平和主義的に解釈するに当たって、この理屈が大いに利用されてもいる。しかしこの理屈は自分自身を裏切っている。「自衛が名目にすぎない」というのなら、それはすでに侵略である。名目であると知りつつそれにこぞって引きずられるのが市民というものならば、彼らは、これは武力ではないという名目の下での武力行動にもこぞって参加することであろう。

また自衛と侵略の区別が難しく、それゆえ自衛を認めてしまうと侵略も許すことになるという平和主義者の理屈がある。もし本当にそうならば、平和主義者たちはなぜああも断定的に大東亜戦争は日本の侵略戦争であったと断罪できるのであろう。また、なぜこうも軽々しく、国連軍によるＰＫＯ（平和維持活動）に期待をかけるのであろう。国連にだけ、自衛と侵略を区別しうるノウハウが秘匿されているとでもいうのだろうか。

まったく仮の話だが、その区別が不可能だとしても、自国の自衛と思われている武力行動は実は侵略かもしれないからと考えて自分らの行動を放棄し、そして相手の侵略とみえる武力行動も実は彼らの自衛のためかもしれないと考え直して寛容になるというのは、いったいいかなる料簡のなせる業か。自衛と侵略の区別がつかぬと悩む暇があったら、自分の平和主義が真か偽か区別がつかぬと考えてみたらどうであろう。

自衛と侵略のもつれをときほぐす力量が、市民に広く深く定着していると思うのはもちろん軽率である。しかしその力量がいずれ市民に備わっていくであろうと期待するのでなければ、国内においてであれ国際においてであれ、「ルールによる支配」なんぞ空語にすぎないものになる。なぜなら、自衛と侵略の区別はルールに準拠する武力行動とルールを侵犯する武力行動の区別にほかならないからである。

自衛と侵略の境界が不明瞭であることをいい立てて、自衛戦争をも放棄せよといい、その結果、「武力を手にするくらいなら自滅したほうがよい」と絶対平和主義者たちはいう。湾岸戦争終結の直前になされた「文学者の反戦署名」はその見本であろう。しかしその思想の論理を裏返せば、国内においても、正当防衛行動を排するのはもちろんのこととして、無警察の無秩序状態のほうがよいということになるはずだ。なぜなら警察は――裁判所も刑務所もそうであるが――ルール侵犯にたいするフォースつまり武力の必要という認識にもとづいて設立されているのだからである。いずれにせよ、「不正義の平和」に並んで「無秩序の平和」なるものを、それがどんなものであるかはもちろんわからないままに、夢想するのが日本の平和主義の到達点となっている。その無視しえない遠因は、そもそも日本国憲法が自衛と侵略の概念的仕分けを明確にしなかったところにあるといってよいのである。

次に第二項についてであるが、議論されなければならないのは「前項の目的を達するため」という「芦田修正」によって導入された文句についてである。第一項が侵略戦争――より正確には覇権的先制攻撃――だけを放棄したのだと解釈したとしても、この文句は依然曖昧にすぎる。しかしこの曖昧な文句に依拠して、第二項の「戦力不保持」と「交戦権否認」は自衛戦争における戦力と交戦権のことのみをさしているという意見も出されている。「非武装中立」に反対するいわば体制がわの憲法学者の意見はおおよそそうしたものである。この意見にもとづいて、現行の自衛隊と日米安保条約が正当化されているといっても過言ではないのである。

芦田の真意がどのようなものであったにせよ、この文句は副詞句であるから「(戦力を)保持しない」という言葉にかかっていく。侵略戦争を放棄するのが「前項の目的」であり、その目的達成が第二項の趣旨だというのなら、「前項の目的を逸脱するような戦力は保持しない」、あるいは「前項の目的を達するため、侵略戦争を予定した戦力は保持しない」というふうに書けばよい。限定なしの独立の文章で「国の交戦権は、これを認めない」と書けば、絶対平和主義にもとづいて一切の戦力を放棄するのだと解釈されても仕様がない。交戦を予定しない戦力など意味をなさないからである。

体制がわの憲法学者は、前項が後項に論理的に優先すると主張することによって、第九条は自衛のための戦力保持および交戦を認めているとみなしているかもしれないが、それは強引すぎる。句読点を入れてたった四十八文字の第二段落すらきちんと書けない起草者および審議者ならば、第一項についても曖昧な書き方をしたに違いないと思われても致し方ないというべきであろう。言葉そのものを疑ってかかれば、「国際紛争を解決する手段としては」という第一項の挿入句の意味を厳密にすること自体が空しい作業になってしまう。つまるところ、単語の意味や文章の構造は二の次になり——憲法前文と相俟《あいま》って——第九条の言葉が全体として醸し出している雰囲気だけが大事だとなる。そしてたしかに、起草者も審議者も、あの当時は平和主義に浮かれていたのであり、自分らの言葉をロゴスではなくミュートスに、国家の規範論理ではなく平和主義の神話に委ねていたようにみえる。

その方向で日本国憲法を眺めれば、次のように解釈するのが妥当であろう。つまり日本は主権国家としてまず侵略戦争を放棄した――ちなみに侵略戦争の放棄は日本にのみ特有のことではない――。次に、主権国家である以上、自国を自衛する権利があるのを承知した上で、戦力を保持せず交戦はしないと宣することによって、その権利をみずから放棄した。つまり、日本に特有なのは「戦争の放棄」であるよりもこの「自衛権の放棄」なのである。

なぜこんな前代未聞の「放棄」をなしえたか。それは当然ながら笑止千万の理由によってである。「平和を愛する諸国民の公正と信義に信頼して」（前文）、「国際平和を誠実に希求し」（第九条）ておればどうにかなるだろう、それが、それだけが、「自衛権の放棄」の根拠なのだ。こんな放棄条項なんぞ箒《ほうき》で掃いてしまえ、という前に、三つのことを確認しておきたい。

第一に、「自衛権の放棄」は「国際社会において、名誉ある地位を占めたいと思ふ」（前文）ことに違反するし、「自国のことのみに専念して他国を無視してはならない」（同）ということにも違反するということだ。自衛権を放棄した国家には不名誉しか与えられず、そんな国は国際軍事情勢を不安定化させるという意味で、世界の公害だとみなされる、それが国際社会の相場というものである。

第二に、「自衛権の放棄」は、憲法を制定することの意味それ自体を疑わしめるということである。国家の根本規範をことさらに制定するのはその国家の存続を、少なくとも建前の上で、願えばこそである。誰が願ったかといえば、その憲法を制定した当時の市民であり、そしてその憲法を廃棄せずに持続させているそれ以後の市民である。自衛権を放棄したものが自分の存続を願って拠るべき根本規範を定めるというのは、自殺志願者が長寿の秘訣《ひけつ》について物申すの図で、要するに悪い冗談なのである。

第三に、したがって、第九条第一項の「国際紛争を解決する手段としては」という限定を厳密に解釈し、しかし第二項の「前項の目的を達するため」という限定は大雑把に解釈して、自衛隊および日米軍事同盟を合憲としてきた日本政府および多数派日本人のこれまでのやり方は、冗談で国際社会を乗り切れない以上、まったくやむをえない仕儀ではあったと私は思う。それは、もちろんかなりの程度において拡張解釈であり若干の程度においてゴマカシ解釈であったのだが、そのいわゆる解釈改憲も、もともとは莫迦《ばか》げた憲法を「押し頂いた」国家の緊急避難としては許されるとみてよいであろう。許されないのは、緊急避難が常習と化してしまった点だ。そしてついに、自分らが憲法にたいして拡張解釈とゴマカシ解釈をやってきたことすら忘れ、自衛隊や日米安保条約とくらべるとプラモデルの軍事ともいうべき「国連平和協力法」にたいしてすら、憲法違反のレッテルを貼りつけて得意になっている、それが日本人の姿だということになってしまった。

以上の検討にもとづき、試案は「戦争」について次のように考える。

日本市民には日本国家の独立と安全を保つ義務が課せられる。

その義務を全うするため日本政府は国防軍を形成し保持しなければならない。

国防軍は他国にたいする侵略的な目的のためにその戦力を使用してはならない。また国防軍は、＊——予防的先制攻撃のことを含めて——＊自衛のための軍事行動を準備し実行するに当たり、集団的自衛や国際的警察を含めて国際協調に最大限の配慮をしなければならない。

国防軍の最高指揮権は内閣総理大臣に属する。


試案による「戦争（もしくは平和）条項」の第一項の特徴は国家防衛を市民の「義務」とした点である。自衛の「権利」というのはいわでもがなの概念であって、むしろ自衛の義務を市民に課するほうが有益と思われる。最も常識的に権利のことを「ルールによって許されている行為（もしくは行為の可能性）」と定義するなら、国際社会の陽表的および陰伏的のルールが各国に自衛の権利を与えているのは自明のことだ。そうでなければ、国家および国際ルールの観念そのものが何を意味するかわからなくなってしまう。したがって、この自明の権利を市民が果たして行使するかどうか、行使しうるかどうか、を論じるほうが重要である。そのため、試案では国家防衛を市民の義務と明記するのである。

私の知るかぎり、兵役の義務を含めて、国防の義務を市民に課していないような国は日本くらいのものだ。これはまったく異常な事態である。自分の所属する国家にたいし、その国家から様々の物質的および精神的の便益を受けておりながら、あるいは便益よりも費用のほうが大きいとしても、他国で暮らすよりもその費用・便益比率が小さくてすむと算段しておりながら、その国家を防衛する義務を回避するというのは、あえて道徳的な物言いをすると、亡恩の罪である。

もちろん、日本市民に日本市民でなくなる権利、つまり日本国籍を放棄する権利は与えられている。だが日本のナショナリティ(国籍)にとどまる以上は、そこにおけるナショナリティ(国民性)を守るとするのでなければ、そしてそのために日本のステートフッド(国家であること)を守ろうとするのでなければ、いかなる日本市民も日本市民であることを選んだ自分の選択に意義を見出すことができない。その選択がたとえ運命によって強いられたものだとしても、その運命を生きることに意味を見出せなくなるのである。

たぶん大概の人間は、自然の欲望としては、兵役に就きたいとは思わないであろう。兵役には、原則として、死の危険が待ち構えているからである。しかし自然の欲望を直ちに権利に結びつけるのは欲望主義であり、権利思想における拡張主義である。自然的あるいは第一次的な欲望としての死からの逃避が、人為的あるいは第二次的な欲望において、死への接近に逆転するということも起こりうるのだ。つまり国防という目的のために生命という手段を、死を予感せざるをえないような激しさにおいて、費消するということもありうる。そういう精神の回路があればこそ人間でありうるといってよいであろう。

国防義務を徴兵制のような兵役義務にまで具体化すべきかどうか、私には断言できない。平和主義が市民の心情・行動を無定型に溶解させるのにたいし、軍国主義はそれを定型のうちに固定化する。徴兵制が軍国主義さらには好戦主義の引き金になる可能性を無視するわけにはいかないであろう。また、それにたいする反発として、市民のうちに反国家的な心情・行動が醸成される可能性もある。国際社会で軍縮の動きが顕在化するような状況にあってはとくにそうであろう。他方、低失業率のせいで軍人になることの経済的誘因が小さい場合――六〇年代から八〇年代までの日本はこの場合に当たる――志願制のままでは軍隊組織を維持できないかもしれない。軍人に特別の経済的利得を与えるとしても、それをどの程度のものにすべきかについて市民の合意を得るのは難しいかもしれない。で、最終的に国防義務の具体化については法律に委ねるのが適当だと私は思う。

第二項は、国防軍が民兵組織ではなく国軍であることをいわんとするものである。これまで平和運動の一部には、日本が侵略を受けたときどうするのかとの問いにたいし、そのときは市民の抵抗運動を展開すると答えるものがいる。私がこの意見を愚かしいと思うのは、近代兵器を扱うのには専門的知識と専門的訓練が必要だという理由からだけではない。国防義務を憲法で規定し、その旨を教育機関などで教え込めば、市民が自発的にその義務の遂行に奔走するであろうとみなすのは、まさに人間性にたいする度し難い楽観というものである。はっきりいってしまえば、侵略者に迎合し侵略者の走狗《そうく》となる人間は――とりわけ環境に順応することに価値を見出す日本人にあって――少なくないどころの話ではないのだ。

第一章で述べたように、ルールはそれを破るものがいることを前提しており、それゆえルール破りにたいしては制裁を科すこともルールのうちに含まれている。同じように義務の観念はそれを自発的には履行しない人間がいることを予定している。で、国防義務についても、市民がその義務を履行するに当たっての強制力の中心が国軍というかたちでつくられる必要が生じる。もっといえば、人間はなかなかに厄介な動物なのであって、国軍の強制力がはたらかない場合には自発的に侵略者にすり寄る人間であっても、その強制力が存在する場合には自発的に侵略者に抵抗するということになりうるのである。

国軍というものの存在が、とくに兵器という物理的力を背景にして、軍国主義の温床となるかもしれない。つまり国軍にたいするいわゆるシビリアン・コントロールの貫徹が――「感情による支配」の優勢な日本においてとくに――難事だということは認めておかなければならない。しかし、その難事に挑戦するのではなくそれから逃走するために、国軍の廃止をいうのは精神の衰弱というものだ。どだい、文民のほうが軍人よりも激しく軍国主義的言辞を弄《ろう》する場合だってある。必要なのは、国軍にたいする文民統制をつらぬくための諸条件について、文民のありうべき堕落のことも含め、市民が内実ある世論を展開することであろう。そのことに期待をかけるのでなければ、自分らの国を防衛することの意義すら疑われるに至るという始末になるに違いない。

第三項は、国防軍に覇権的先制攻撃つまり侵略以外の行動を、もちろん所与の法律・慣習に従うかぎりで、許容するということを含意している。すでに指摘したように、自衛と侵略の区別は不可能だというのは妄言である。その区別をなしうる市民の能力に期待をかけなければ、「ルールによる支配」をいうことの意味がなくなるからである。この項のいわんとしているのは、国防軍は日本という島国を防衛する（個別自衛）ための軍事行動だけではなく、他国との軍事同盟をつうじて当該地域を防衛する（集団的自衛）ための軍事行動や、国連のような国際組織をつうじて国際社会そのものを防衛する（国際的警察）ための軍事行動にも、参加するということである。

厳密にいえば、集団的自衛活動も国際的安全保障活動も日本および日本国防軍の権利であって義務ではない。つまり、どういう条件の軍事同盟を締結するか、どういう条件で国際組織に加盟するか――そもそもそういう締結・加盟をしないということも含めて――それは日本の自由である。しかし、それらの条件のうちに集団的自衛活動や国際的警察活動のことが入っていれば、あとで検討する「条約および国際法規の遵守」の立場からして、それらの軍事行動は日本の義務になるという次第である。

なお、集団的自衛や国際的警察にもかかわるのならば、それは国防の範囲を越える、それゆえ国防軍という呼称は不適当だ、という見解もあるであろうが、それは「国防」という言葉を「専守防衛」という狭い意味でのみとらえる戦後の悪習に染まった言い分にすぎない。専守防衛は、まず、「自国のことのみに専念して他国を無視してはならない」（日本国憲法前文）という国際社会の道徳原則にたいする無関心であり、次に、他国のことを無視していては自国の立場をかえって不利にするという現実原則にたいする無知である。しかも、あらゆる方面において相互依存および相互反発がますます強まるのが国際社会の趨勢《すうせい》であってみれば、自国の国防が国際的視野の下にとらえられないほうが奇妙である。加えて、国防という言葉のうちには侵略を排するという意味が陰伏してもいるのであるから、国防軍――もしくは自衛軍――とよぶのが適切であろう。

集団的自衛に関与すると、他国のなす戦争に日本が巻き込まれる可能性が増す、というのは本当である。しかしそれと同じくらい本当なのは、集団的自衛機構から孤絶することはその地域の不安定要因となり、かえって戦争を誘発させる可能性があるということである。つまり、どういう内容の集団的自衛がよいかと発想するのが先決であり、その特殊ケースとして集団構成員が自国だけということも考えられないわけではない、というふうにとらえるべきなのだ。また国際警察については、すでに言及したことだが、「警察」という概念それ自体が「自衛と侵略の区別」が可能だという判断に立っていることを繰り返し確認しておく必要がある。もともとそんな区別もできずに警察ができるわけがないからである。その区別の不可能を理由にして非武装をいうものは、口が裂けても、「国連中心主義」などというべきでない。国際社会にあってルール破りにたいする警察も制裁も不要だとその国際社会にあっていうのなら、それは国際社会を無法状態においけということと同じである。無法状態を首肯できるのは、いかなる国家も、偶然のミステークを別とすれば、侵略などするわけがないと想定しうる場合にかぎられる。つまり、侵略のことを懸念しているはずの平和主義者は、実は、侵略のことなど念願においてないのだ、ということになる。

集団的自衛と国際的警察とを併存させているのは、国際社会が単一なルール体系と一元的な機構によって統一されることはないであろうという見通しに立っている。国際社会は三重の位相になっており、位相相互のあいだの連絡はかならずしもうまくいっていない。つまり個別国家の相対的独立性、複数国家間の個別交渉にもとづいて構築される個別ブロックの相対的自立性、そして世界連邦という公共世界を展望する方向で形成される国際組織の相対的自律性という三重構造が、半面で互いに重なりつつ、しかし他の半面では互いに離れつつ、関係し合っている。そうである以上、個別的自衛、集団的自衛そして国際警察にそれぞれ相応の配慮をするほか手はないのである。それらのあいだに平衡をとるのが政治の英知というものであって、どれか特定の位相に国防問題を据えるのはイデオロギー（軍国主義、人種主義あるいは世界連邦主義）の蒙昧にすぎない。

第四項はいうまでもなくシビリアン・コントロールの原則をいうものである。文民を中心にして「国防最高会議」のようなものを構成し、そこにおける議決に最高指揮権を委ねるやり方もあるかもしれないが、それでは軍事行動の迅速性や機密性を損ねるかもしれない。いずれにせよ、私は軍事問題そのものについてはまったくの素人なので、ここでは国防軍を文民統制に服させるよう憲法で規定しておく必要があることを指摘するにとどめる。

ついでにいっておくと、総理大臣が国防軍の最高指揮者であるということを単なる形式ととってはならない。総理大臣になるものには軍事問題についても明確な判断力を要求されるということである。文民と軍人の区別はあくまで軍隊との組織上のかかわりによることにすぎない。国防軍の責任者は当然勝れた政治的資質をもっていなければならないし、総理大臣をはじめとして「国防最高会議」に加わる文民も軍人的資質において勝れていなければならない。つまり軍事が政治の一部もしくは一面であることが国会および世論の常識となれば、そのような人材選出が行われることになるであろう。

なお、「戦争について」あるいは「国防」の章は憲法の章別編成においてもっと後段にくるべきだと私は思う。国民国家の内的構成と外的関係は歴史的には同時発生ではあろうが、論理的には、集合的主体としての国家がまず構成されて、それが次に国際社会といかなる関係を取り結ぶか――またその外的関係に応じて国家の内的構成がどのように修正されるか――というふうな理路になる。またそうすることによって、「守るべき国家」の価値そして「国家を守ること」の価値を示すことができる。日本国憲法でいうと、「国民の権利・義務」、「国会」、「内閣」そして「司法」という順で国家の内的な基本構造を規定したあとに「国防」の章がくるのがよいのではないか。

四　法の下における自由

――基本的人権について――

国民は、すべての基本的人権の享有を妨げられない。この憲法が国民に保障する基本的人権は、侵すことのできない永久の権利として、現在及び将来の国民に与へられる。

——日本国憲法第十一条

この「基本的人権条項」については、「人権」という言葉に含められている自然法的な意味合を糺《ただ》さなければならない。パースナル・ライト（個人的権利）あるいはシビル・ライト（市民的権利）というのは、集団との対比における個人あるいは封建的身分との対比における市民のことを問題にしているという意味で、すでにして社会的規定を受けた概念であるが、ヒューマン・ライト（人権）はそうではない。人間であることそれ自体に権利が発生するとみなされているのである。つまり、時間と空間を超えて普遍的な人間性があるとして、その人間性のもつ完璧《かんぺき》な秩序としての自然法を認識することが真であり、それを実践することが善であり、それを表現することが美であるとみなし、それら「正しいこと《ライト》」をなすことを権利《ライト》ととらえるわけだ。ここで自然法思想について詳説する余裕はないものの、人間は「生まれながらにして」「正しい」状態に限りなく近づく性向を有しており、それゆえ人間には「天賦の」権利が与えられるべきだというのが人権思想だといって間違いではない。

二十世紀後半において古き自然法思想が憲法の根幹を占拠するわけがないと思い込むのは大き

な誤りである。一七八九年の「人の譲渡不能かつ神聖な自然権を展示する」（『人権宣言』前文）試みは、一九四八年の「すべての人間は、生まれながらにして自由であり、かつ尊厳と権利とについて平等である。人間は、理性と良心とを授けられており、互いに同胞の精神をもって行動しなければならない」（『世界人権宣言』第一条）という提言にまで引き継がれているのだ。日本国憲法もそうした経緯で書かれたものである。

たとえば、「侵すことのできない永久の権利として、現在及び将来の国民に与へられる」、というのは自然法思想でないとしたらいったい何であろう。不可侵の永久権利、それがすなわち自然権なのである。占領軍は天賦のものとしての自然権を戦前の専制政治の障害を排して日本市民に授与し、そして日本市民はそれら自然権を生得のもの、つまり一切の国家規範や社会道徳に先行する基本的権利とみなして、その神聖不可侵を主張するという段取りである。

人間に「理性と良心」が備わっていることは私も認める。「理性と良心」からの逸脱さらには「理性と良心」への反逆も多々あったものの、「理性と良心」を保持する企てが通歴史的にあったればこそ、人間の歴史には「進歩」の雰囲気が少々伴いもするのである。「理性と良心」を守ることにほぼ絶対の価値をおき、その価値の実現に寄与するような行為および状態を市民の「基本的権利」とみなすのが国家の根本規範のそのまた根本であると私も認める。

私のいいたいのは、市民のどのような行為・状態が人間社会における「理性と良心」の発達に寄与するのかは歴史的にのみ判断しうるということであるにすぎない。歴史的判断に立脚して、いくつか特定の行為・状態を「基本的権利」として市民に認めるのはまったく正当なことだ。しかしそれらは、人間が人間であることそれ自体に由来するような権利ではない、つまり「人権」ではない。人間は人間であることによって「理性と良心」を夥《おびただ》しく破壊してきもしたのだからである。

話がここまでくると、「権利」のことを「法によって許されている人間の行為・状態」と定義し、そして「通歴史的に持続し、また持続すべきものとされている権利」を「基本的権利」とよぶのが適切ではないかということになる。さらには、権利という言葉が自然権思想によって汚染されてきたことを思うと、「法によって許されている人間の行為・状態」を通常は「自由」とよぶのであってみれば、「基本的権利」の代りに「基本的自由」という用語を遣った方がよいのではないか。

もちろん、この基本的自由は「理性と良心」に貢献するとみなされればこそ法によって持続的に許されるものである。つまり基本的自由は高度の価値を内包しているとみなされている。それゆえ、この高度の価値をいかに具体化するかということになると、その自由の実践には「正しいこと」という意味が伴わずにはいない。そして、その「正しいこと」の実践を引き受けるのがほかならぬ市民個人の自律的実践なのであってみれば、その基本的自由は、市民個人の人格の総体を賭《と》した実践的姿勢においては、不可侵の個人権あるいは市民権だと観念されるわけである。

権利の概念を法にかかわらせて定義することは、その双対《そうつい》として、義務の概念を浮かび上がらせずにはいない。あるいは基本的自由の双対としての基本的責任が憲法のなかに登場してくるということである。日本国憲法第三章は「国民の権利及び義務」と題されてはいるものの、そのほとんどは権利についての規定である。しかも義務についても、そのほとんどは政府が市民の権利を守るためになさなければならないことを規定するというかたちになっている。これが権利思想の肥大化へ、その因であるか果であるかはともかくとして、つながるのである。

自然権思想からは基本的義務（あるいは基本的責任）の観念は出てきにくい。義務・責任のことが論じられるとしても、それは、自然法的な「理性と良心」の秩序を市民個人が自己の人格のうちに内面化するに当たっての道徳性の問題としてである。義務・責任を果たさなかったときには制裁が科されるというかたちでの合法性の問題は自然権思想と馴染まないといってよい。

歴史的に持続したルール（慣習・法律）によって許されてきたものを基本的自由とすれば、そのルールの体系を保持することと、その保持に当たって不可欠の行為・状態とは、市民の「基本的責任」だということになる。基本的自由はたしかに現在における国家形成および憲法制定の結果ではなく前提である。しかしその前提は天賦のものとして国家・憲法に向かって降ってくるのではなく、過去のルールの積み重ねのなかから得られた伝統の知恵として現在に手渡されたものだ。過去のルールとは過去の国家および憲法——不文のものを含めて——の在り方のことだ。つまり現在における国家形成と憲法制定の前提はそれら自体の過去の歴史によってもたらされるのである。国家および憲法の在り方がどこまでも問題なのであるから、そしてそれはルールの問題にほかならないのであるから、ルールの強制力あるいは制裁力にかかわる義務・責任のことも国家形成および憲法制定の前提に含めざるをえないのである。

以上のことを考慮して、試案では基本的自由と同次元に基本的責任をおくことにする。

あらゆる日本市民は基本的自由の享有を妨げられないと同時に、基本的責任の遂行を免れえない。

この「基本的自由および基本的責任条項」について付加すべき説明があるとしたら、それは、国民主権とのかかわりについてである。試案では、歴史上の総国民の残した伝統の知恵を（仮想的な）主権者とみなしている。つまり基本的自由も基本的責任もこの主権者が現在および将来の世代に許容しそして負荷したものである。いうまでもなく、そうした主権者の意志を洞察し認識し表現するのは現在世代の仕事ではある。だがそれは憲法制定が現在の世代の恣《し》意に任せられるということではない。歴史との対話を説得的になした上での憲法だけが正統にしてかつ正当な憲法なのだ。とくに日本国憲法のように、歴史との断絶を意図的になそうという狙いをもった憲法は邪道のものとして退けられるべきである。

さて、基本的責任の問題を無視した日本国憲法の欠陥は次の条文に端的に現れている。

この憲法が国民に保障する自由及び権利は、国民の不断の努力によつて、これを保持しなければならない。又、国民は、これを濫用してはならないのであつて、常に公共の福祉のためにこれを利用する責任を負ふ。

――日本国憲法第十二条

この「権利制限条項」は曖昧というよりも、文章があまりにも自由勝手に書かれているので、出《で》鱈《たら》目《め》だとの印象を受ける。第一に、「自由及び権利」という場合における「及び」という接続詞の意味は何のことであろうか。自由と権利は並列の関係にあるのだろうか、重複の関係にあるのだろうか。または、並列は並列でも、同次元の並列なのか異次元のそれなのか、あるいは二つの次元で自由と権利が対応しているということなのか、一向に明らかでない。「自由（という）権（利）」ならばなんとか了解できる。つまり、抑圧から自由になる（「……からの自由」としての消極的自由）権利を法的に保障されている場合や、理想への努力を自由になす（「……への自由」としての積極的自由）権利を法的に保障されている場合をさして自由権というわけだ。それ以外の「自由及び権利」というのは、なんとなく関係のありそうな両語をなんとなく「及び」という接続詞で結んだというだけのことなのであろう。

第二に、それが自由権ということだとしても、憲法において「自由」という言葉を「法によって許されている人間の行為・状態」以上のものとして定義することに意味があるだろうか。たとえば、国家的圧政からの自由についてはそれを是とするであろうが、国家的強制からの自由についてはかならずしもそうではない。何ほどかの強制力をもってこその国家であり、一切の強制から自由になろうというのは単なる無政府主義にすぎない。また理想への自由とか人格的完成への自由とかいっても、その肝心の理想や完成が錯覚、迷妄であると判明する場合には、それを権利と称しても詮ない話だ。虚妄を発《あば》く自由が許されているという条件の下で虚妄の言動を野放しにすべきだという意見もあるであろうが――プライバシーの侵害などで典型的にみられるように――その虚妄で傷つく人間も生まれるとなると、何らかの制限がそうした自由にたいして課されて当然である。要するに、自由は秩序との相対でのみ意味をもつのだということについて自由権という言葉は無関心であるようにみえる。ルールという秩序のなかでプレイとしての自由が演じられるのだということ、そしてあるべきルールを考える際に過去におけるルールの蓄積のなかに参照すべき英知があるということについて、自由権の思想は教えるところがないばかりか、その教えをむしろ軽蔑《けいべつ》しているようにみえる。

第三に、「〔自由及び権利は〕国民の不断の努力によつて、これを保持しなければならない」とはどういうことであろうか。市民の自由権を脅かす勢力にたいして警戒心と闘争心を強める、といったくらいの意味なのであろう。私もこの呼びかけに応えるものであるが、その脅威の内容と脅威を及ぼす勢力の特定については日本国憲法の考え方に賛同できない。日本国憲法は私がいうところの市民主権を理想としている。したがって「脅威」とは、市民主権を侵害する他の「勢力」があるとして——それを通常は「体制」とよぶ——その勢力が立法、行政、司法の三権などを遣って市民の自由権を制限する、ということをさしている。もちろんそのような「勢力」とそのような「脅威」があることは確かだ。しかし主権者を名告る市民そのものが自由のための城塞《じょうさい》ともいうべきルールを侵害したり、ルールを過剰に強化して城内の生活を窒息させたりすることもありうるのである。私の見方では、現代の市民は、「ルールによる支配」の適正水準をみつけることができず、みつけようとする努力すらしないという意味で、すでに「大衆」に変貌《へんぼう》している。そして大衆が、「感情的世論による支配」をつうじて、「体制」を動かしていることが現代の自由にたいする最大の脅威なのだ。

第四に、これが最も重要なのだが、「国民は、これ〔自由及び権利〕を濫用してはならないのであつて、常に公共の福祉のためにこれを利用する責任を負ふ」とは日本国憲法の精神——私にいわせれば歪んだ精神——からみていかにも唐突である。まず、自由の「濫用」とは何かというと、それは基本的にはルールを侵害することである。つまり、自由主義社会におけるルールの本質は、各市民の自由が他の市民の自由と抵触するようなことがないようにするための秩序という点にある。この秩序から逸脱したりその秩序を壊したりするのが自由の「濫用」であり、そうした濫用にたいして制裁を科すのが「ルールによる支配」というものである。

露骨にいえば、制裁を受ける覚悟であれば、自由を濫用してもよいのである。道徳的にいってそれは悪いことではあろうが、法的には法に従って制裁を与える以上のことはなしえない。それがルールというものなのだ。社会における「基本的責任」ということを明示しないものだから、「自由を濫用してはならない」というような曖昧な表現になってしまうわけである。

「公共の福祉のためにこれ〔自由及び権利〕を利用する責任を負ふ」というのはもっと曖昧であるであろうか。「公共の福祉」という概念が日本国憲法の規範体系のなかで安定した場所をもつことができるとしたら、それは、市民それぞれにおいて公共性にかんする共通の感情・認識がある場合にかぎられる。隣人愛でもよいし愛国心でもよいが、ともかく、個人の欲望のなかに公共的なるものがあるとして、それをめぐってほぼ全員一致の同意が得られるのなら、それが直ちに「公共の福祉」の内容と規模を定めることになる。だがその場合には、各々こぞっての自発的決定であるから、「責任」のことは問題になりようがない。

ただ、公共福祉のための費用を誰が負担するのかということについては問題が残る。日本国憲法のように個人主義的の物の見方に立つ場合には、各市民が自分が公共福祉から得る利益に応じて費用を支払う（応益原則あるいは利益説）ということになるのだが、いわゆる集団的消費を中心とする公共財においては、自己の受ける利益を過小に申告するというフリーライダー（只乗り）問題が生じるのである。しかしこんな問題は憲法において事々しく論じるべき事柄ではない。「公共の福祉」という観念そのものの成立こそが問題なのである。

一般に全員一致の同意などはありうべくもなく、公共性にかかわる問題は多数決で決定される。

とすると、「公共の福祉」とは社会の多数派の、公共的というよりも、私的な福祉だということになる。社会の少数派は、自分らの自由を圧し殺して、多数派の利益に奉じる次第となる。むろん、デモクラシーとは社会的意志決定における「多数参加の多数決」ということであるから、こうした少数派への抑圧が生じることはやむをえないことだ。しかし「公共」という言葉を用いるからには、デモクラシーが「多数派の専制」に陥るのを避けるための「少数派にたいする保護」について論じるのでなければならない。いずれにせよ、多数派の利益をもって「公共の福祉」というのは言葉の誤用であり、ましてあらゆる市民がその多数派の利益にたいして「責任を負ふ」というのは誇張され歪曲された表現である。

他方、「公共の福祉」を諸個人の私的欲望から導出するのではなく、それら私的欲望を成り立たせる基礎条件あるいは環境条件としてとらえる見方もある。つまり、自然環境や国家制度が与えられてはじめて、個人の私的欲望が具体的なものとして形成されるということである。この場合には、「公共の福祉」における公共性は個人性をなにほどか超越した次元に、もしくは個人性とは異質な次元に、あるということになる。

ここでの最大の危険は、「公共の福祉」の名目の下に、集団主義、国家主義そして全体主義のような観念が強化されかねないという点である。個人主義が公共性の概念をみずからの枠組のなかでは提出できないために、公共的問題に直面するとき、その反対物である全体主義に転化するというのはよくあることだ。欧米における全体主義の傾向はおおむねそうした経緯で生まれたとみてよいであろう。

この危険を回避するには、個人の感情・欲望・意識の潜在レベルに公共性への志向あるいは公共的なる枠組があるとして、そしてその志向・枠組が歴史的に形成されるとみなさなければなるまい。つまり歴史的に形成され来たった社会の基礎的かつ環境的条件を「公共の福祉」として位置づけ、それの維持・発展に――もちろん私的欲望とのあいだの平衡をとりながら――努力することをもって「市民の責任」とするのである。日本国憲法には人間を個人性と公共性の二層においてとらえる仕方、社会を現在性と歴史性の二面においてとらえる見方が欠けている。そのため、世論によって感情的に「これが公共の福祉だ」と騒ぎ立てられるものが公共性を僭称《せんしょう》あるいは詐称し、そしてそれに逆らうと、「公共の福祉」の名目によって集団リンチにかけられるという傾向が次第に強まっているのである。

以上の検討にもとづき、試案では、先の「基本的自由および基本的責任条項」を敷衍《ふえん》するかたちで、次のように規定したい。

あらゆる日本市民は基本的自由を享受し、また基本的責任を遂行するに当たって、法の秩序に従わなければならない。

この法の秩序のうちには公共の福祉にかんする日本の伝統的な基準を守ることも含まれる。

第一項の意味については既述したので反復しない。「法」の秩序という広い表現を遣ったのは、憲法、法律、慣習の全域における秩序のことをいいたいためである。

なお、公共の福祉にかんする「伝統的基準」というからといって、その基準が一律に定まるとは考えられない。その基準が具体的にどのようなものであるかというと、各人および各党派によって判断が異なるであろう。伝統とは議論をつうじて発見さるべき歴史の英知のことである。その種の議論・発見が全員一致のかたちで行われるとはとても考えられない。しかし、私的欲望や個別集団の利害についての判断が拡散するのとくらべれば、伝統的基準についての判断は収斂《しゅうれん》しがちだといってよいであろう。なぜなら、欲望や利害の判断に際しては主観性が色濃く滲《にじ》むのにたいし、伝統的基準についての判断は当初から客観性を保つことを要請されているからである。ほんの一例としていうと、都市生活における騒音の許容範囲については、そう大きな意見の分散はみられないであろうということだ。

また、「法の秩序」そのものが掛け替えのない「公共の福祉」だということもできる。したがって、厳密を期するためには、秩序はより形式的なものであり福祉はより実体的なものである、といったようなかたちで言葉の定義をしておくのがよいのであろう。しかし、第一章の最後で指摘したように、憲法は日常用語にもとづきつつ、それを法的諸概念をめぐる人工言語にぎりぎりまで近づけて、しるされるところの規範的言語の体系である。言葉にたいする過度の人工化は断念すべきだと思われる。

さて次に、日本国憲法のように「人権」とよぶにせよ試案のように「自由」とよぶにせよ、それらは価値にかかわる概念である。で、その価値の源泉がどこにあるのかということを規定する必要に迫られる。

すべて国民は、個人として尊重される。生命、自由及び幸福追求に対する国民の権利については、公共の福祉に反しない限り、立法その他の国政の上で、最大の尊重を必要とする。

——日本国憲法第十三条

この「個人の尊重条項」をめぐって第一に論じられるべきは、「個人として尊重される」ということの意味についてである。個人とは、その英語であるインディヴィデュアルがよく表しているように、それ以上は「分割不能」な、あるまとまりをもった個体ということであり、人間にあってはそれに「人格」というものが伴う。いうまでもなく、個人の人格を尊重するという構えがなければ、諸個人のかかわる価値の優劣や認識の正誤や表現の美醜について論じることの意味すらなくなる。つまり、個人は尊重に値するべきものになるべきであり、そして個人にはそのようなものになろうとする意欲が多少ともある、という意味においてならば、「個人として尊重される」ことをもって国家の根本規範の原点とするのも頷けるところだ。

しかしそれはあくまで可能性としての人格についてであって、現実性としての人格は尊重されるべきものからは程遠い状態にあるというのが普通であろう。可能性としてのよき人格すらが軽蔑されるような抑圧状態を排せよといいたいのならば、人間の抑圧それ自体を正当とみなすような専制的ルールをつくってはならない、というふうに禁止形で規定すべきであろう。日本国憲法はルールというものの本質が「禁止の体系」という点にあることを忘れている。「個人として尊重される」というような肯定的な表現を安易に用いると、個人であること——つまり人間であること——がただちに称賛に値するのだ、といったようなつまらぬヒューマニズムに傾斜するのである。

第二に、「生命、自由及び幸福追求に対する国民の権利」ということについてであるが、この『独立宣言』から借用されたに違いない文句には注意を要する。生命は人間の生にとっての手段であり、幸福追求はその目的である。そして自由は、手段を目的へ向けて動員するに際して行為や状態などが制限の少ない状態にあるという意味であり、人間の生における目的・手段の連関のあり方にかかわっている。さて、人間の生が機械の運動と異なるのは、生命（手段）—自由（過程）—幸福追求（目的）の繋がりにおいてあれこれ逆説めいた事態が発生するということである。

たとえば、生命の危険を賭するようなかたちで追求される幸福が真の幸福と感じられるということが起こりうる。同じようにして、自由が過度に及ぶと、生命が浪費されたり幸福の意味が薄らいだりすることもある。自由が少ない方がかえって生命と幸福追求の有難味がわかるというようなことも生じる。要するに、人間の生にあっては、手段─過程─目的が単線的に配置されているのではなく、三者の様態が互いに影響を与え合うという意味で内的連関にあるのである。

このような人間の生の複雑さに注目するとき、もし「価値の源泉」を憲法のうちに明記したいのであれば、人間の生を手段─過程─目的に分解せずに、それらの全体的なあり方に求めるほうがよいのではないか。たとえば、「法的秩序の下における自由」こそが「価値の源泉」だとするのである。そうした自由の結果、極端な場合を挙げると、「生きることとそれ自体」としての個人であることや生命を有していることはほとんどどうでもよいこととして軽んじられるということも生じうる。また、法的秩序が強化されて以前の無秩序状態から脱したほうが、自由であることにより大きな価値を見出しうるということも起こりうる。さらに、追求すべき幸福のメニューが制限されることによってかえって、幸福であることの価値を確認できるということにもなりうる。「法の秩序の下における自由」といってあまりに概括的であるというのなら、たくさんの自由のうちで、伝統の英知が基本的重要性をもつと認定したものを明記しておけばよい。いいかえれば「基本的自由」の内容を特定するということだ。同時に、法的秩序の維持の上で基本的に重要だと伝統の英知が認定したものを、つまり「基本的責任」を、特定すればよいのである。そのほうが、「個人として尊重される」とか「生命、自由及び幸福追求に対する国民の権利については……最大の尊重を必要とする」とかいうような、美辞めいてはいるが欺瞞《ぎまん》くさくもある文句を憲法に載せるようなことをしなくてすむ。またこのようにすることによって「公共の福祉に反しない限り」というような偽善めいた限定を利用して「多数派の専制」を招く、というような事態に陥るのを防止することもできる。すでにみたように、「公共の福祉」の基準は「法の秩序」のなかに含まれており、その基準に沿うことが「基本的責任」の一つでもあるからだ。

以上の検討にもとづいて、試案では「価値の源泉」を次のように特定する。

すべての市民は法の下における自由を、自己においてのみならず他人についても、最大限に尊重しなければならない。

人身の安全を求める自由、居住・移転および職業を選択する自由、財産を私有する自由そして信教、言論、出版、結社、集会、学習および教育の表現活動にかかわる自由という四種の自由は、基本的自由として、すべての市民に保障される。

また、国防に参加する責任、税金を納める責任、子供に教育を受けさせる責任そして法の秩序に従う四種の責任は、基本的責任として、すべての市民に課される。

若干の説明を付け加えれば、四種の基本的自由は、身体（安全）→現在の日常生活（住居および職業）→将来の日常生活（財産）→表現活動（信教、言論、出版、結社、集会、学習、教育）というふうに、自己を基点にして次第にその生の活動領域を広めていったときの自由の様相を類別したものである。四種の基本的責任についても、国家の安全（国防）→国家の日常活動（納税）→国家の将来（教育）→国家の体系（法秩序）というふうに、国家の活動を直接的なものから間接的なものへ、あるいは具体的なものから抽象的なものへと広げていったときの国家の様相を類別したものである。日本国憲法にもこのような類別がないわけではないのだが、それらは未整理のままアトランダムに言及されているだけだ。そして、これまでに指摘してきたように、その言及も過剰な人権思想によって汚されてもいる。またその汚染にたいする防腐剤として「公共の福祉に反しない限り」という条件がアドホックに接ぎ木されたりしている。基本的人権という聞こえのよさそうな言葉とその言葉による雰囲気だけが拡大されるという戦後の風潮に歯止めを与えるためにも、基本的な「自由と責任」の内容について多くの市民がそれらを常識として記憶することができるようになるためにも、「四種」の類別が有効ではないかと思われる。

日本国憲法の第十章「最高法規」の第九十七条では、「基本的人権」の本質を説明して「人類の多年にわたる自由獲得の努力の成果であって……過去幾多の試錬に堪へ」という具合に述べられている。＊――この文言は、第十一条（基本的人権条項）にかんするケーディス案を援用したものである――＊日本国憲法としてはなかなかよろしい解説である。つまり「多年にわたる努力の成果」であり「幾多の試練に堪へ」た成果であることこそが当該の規範が「基本的」であるということの意味なのだ。これは明らかに、経験論的な、あるいは保守思想的な、規範観だといってよい。日本国憲法も試案憲法も含めて、近現代の憲法の精髄は――社会主義圏のものを別として

――自由主義の思想にある。しかし自由主義は実は歴史主義でもあるのである。主義といって誤解を招くというのであれば、自由であろうとするためには歴史への配慮が欠かせない、といっておいてもよいのだが、ともかく、自由のための秩序は歴史からやってくるのである。＊――ケーディスは、「基本的責任」もまた「秩序獲得への努力の成果であり、過去幾多の試錬に堪えてきた」ものであることを見逃している。――＊

ここで秩序というのは二様の意味をもっている。一つは自由に外的制限を加えるものとしての秩序であり、もう一つは自由に内的構成を与えるものとしての秩序である。前者についてはすでに説明したところなので後者についてのみいうと、自由とはいくつかの選択肢のあいだの自由選択のことにほかならないのだが、それらの選択肢を確定するためにも秩序が必要だということである。そして選択肢の範囲と内容と相互のあいだの順序づけとが定まるに当たっても、伝統の知恵が関与してくる。もちろん、新しい選択肢の発明・発見ということもあるし、それが自由主義の特徴でもありはする。だが自由主義が計画主義と違うのは、その発明・発見を諸個人の自発性に委ねる点である。そうした自発性の堆積としての歴史のなかから進歩が、計画的にではなく、自生的にもたらされると自由主義は考える。

このように自由の発展が秩序の成長と絡み合っているとなれば、「多年にわたる努力の成果」としての基本的なるものは「自由と秩序」であり、秩序が規範としては責任を要求するのであってみれば、それが「自由と責任」にほかならないということになる。日本国憲法は「すべて国民は、個人として尊重される」とあっさりいってのける。しかし、尊重さるべきなのは基本的自由と基本的責任をみずからの私的および公的な生活のなかで実行する個人だけであり、憲法は市民にたいしそういう個人であるよう要求すればこそ根本規範となるのである。

さて試案における最大の難関は、基本的責任における最後のものが、つまり「法の秩序に従う責任」が強すぎれば基本的自由はもはや「基本的」なものとはいえなくなる、逆にいうと、基本的自由の基本性を守るためには法の秩序の強度に限界を付さなければならない、ということである。さらにいうと、基本的自由と基本的責任のあいだの拮抗《きっこう》関係のなかで平衡をいかにとるかという持続的な努力のなかから、具体的な法律や慣習が産み落とされるのである。もちろんその平衡作業が失敗して、自由の相対的過剰のせいで無秩序社会が招来されたり、秩序の相対的過剰のせいで抑圧社会が到来することもありうる。しかし自由主義（＝歴史主義）の真価は、平衡の支点を再発見すべく、歴史を参照しながら自由な討論を展開していくという開かれた姿勢にある。憲法は、大胆にいい切ると、そうした討論に一つの規範を与えるものにすぎないのである。

日本国憲法の第十四条から第三十二条までは、少々乱雑ではあるものの、それがいうところの「基本的人権」にかんしていくぶん細かな規定を与えるものである。そのすべてについて代案を出すのは繁雑であるし、基本的自由と基本的責任にかんする試案の思想についてはおおよそ説明し尽くしたところなので、以下では、その十九条分のうち試案の思想と目立って抵触する条文についてだけ試案と対比させた上で簡単な論評を加えておくことにする。

すべて国民は、法の下に平等であつて、人種、信条、性別、社会的身分又は門地により、政治的、経済的又は社会的関係において、差別されない。

――日本国憲法第十四条第一項

↓

日本市民が自由を発揮したことにたいする報償と日本市民が責任を果たさないことにたいする制裁はすべて法によって律せられる。

すべての日本市民は法の下に平等であって、個人の能力によるほかは、人種、信条、性別、身分または家柄によって差別されるようなことはない。

――試案

試案第一項はいわゆる「法治原則」をいうためのものである。「法の下における自由」は第十三条にたいする試案において「価値の源泉」とされたのであるが、それをサンクション（制裁および負の制裁としての報償）に結びつけることによって、法治の趣旨を明確にしたわけだ。なお、日本国憲法は第九十八条第一項で「憲法の最高法規性」を謳《うた》っているだけで、「ルールによる支配」つまり法治主義をどこにも闡明《せんめい》していない。しかも、その憲法が人権思想のような感情論に流れやすいものを多分に含んでいるとなると、「法によるサンクション」よりも「感情によるサンクション」が幅を利かすということになりがちである。実際、かのリクルート事件のときにみられたように、「法によって制裁できないのなら、社会的・道徳的に制裁せよ」というまぎれもなく集団リンチの勧めにほかならないものが立派な世論として通用し、司法機関すらもがそうした世論に迎合していく、それが日本の実情なのである。それを考慮に入れるとき、サンクションの次元にまで具体化したかたちで法治主義を明確にしておく必要があると思われる。

なお、「法」を法律のことに短絡させてはならない。法は憲法や法律のみならず、慣習――裁判における判例を含めて――をも含む。法律を細かく定めて、それで一切のサンクションを取り仕切ろうとするのは官僚主義というものだ。むしろ、法律は形式的かつ概括的なものにとどめておいて、自余は慣習の規範に任すのが官僚主義に対立するものとしての自由主義の真骨頂だというべきであろう。

試案第二項ではいわゆる「法の下での平等」にたいし、「能力による不平等」は認めるという点をはっきりさせた。「法の下での平等」は「機会の平等」をさすにすぎず、「結果の平等」までをも意味しないと理解されるのが通常である。それでおおよそよいのであるが、問題が二つ残る。

一つは、たとえば所得というような実質的「結果」を入手していなければ、与えられる「機会」も単なる形骸《けいがい》にすぎないと批判され、結局、「機会の平等」を実質あるものにするには「結果の平等」が必要だという論拠に立って、悪平等が促進されてしまうことである。もう一つは「機会の平等」そのものが実はかなりに空語にすぎないのであって、その人の生まれた時期、育った家庭および地域などによる「機会の不平等」を消去することはまず不可能である。というより、人間は不平等のただなかに生まれてくる、といったほうがよほどに正しいのであり、そして「理想への自由」としての積極的自由に内実が籠《こも》るとしたら、それはこの宿命ともいうべき不平等と抗《あらが》い闘うことをつうじてだともいえる。

したがって、「人種、信条、性別、身分、家柄」それ自体による差別は断乎として排すべきであるが、それ以外の生得的および環境的の差別は——それを区別といい直すかどうかはともかく——認めるしかない。逆にその差別をも取り払ってしまうと、社会は単色に塗り潰《つぶ》され魅力ないものになってしまうであろう。

しばしば忘れられているのは、あの『人権宣言』ですら、その第六条で、「すべての市民は、法の目からは平等であるから、その能力に従い、かつその徳性および才能以外の差別をのぞいて、平等にあらゆる公の位階、地位および職務に就任することができる」としている点だ。つまり「徳性と才能による差別」は認められているのである。もちろん、「徳性と才能」が「人種、信条、性別、身分、家柄」にかかわる環境によって大きく影響されるということはよくあることだ。その影響が歴然としている場合には環境改善のために様々な補助が与えられて当然である。しかし、性差別の問題に端的に現れてくるように、環境のうちには変えられないもの、さらには変えてはいけないものもあることも否定できないのである。

公務員を選定し、及びこれを罷免することは、国民固有の権利である。

——日本国憲法第十五条第一項

←日本市民は、法律によって定められた種類の公務員にかんし、法律にもとづいて、これを投票によって選出しなければならず、またそれを投票によって罷免することができる。――試案

これについては説明を要しないであろう。アメリカ中西部あたりの小さな町の保安官選びなどにふさわしいこんな条文が半世紀も修正されないままとは、まったく驚き入った次第だ。

何人も、いかなる奴隷的拘束も受けない。又、犯罪に因る処罰の場合を除いては、その意に反する苦役に服させられない。――日本国憲法第十八条

←（削除）。――試案

私ならば、「日本市民たるもの、いくら占領下とはいえ、奴隷根性丸出しでこんな文書を押し頂いてはならない」と憲法に定めたいところだ。日本にあっては放っておくと奴隷的拘束がまかり通る危険があると占領軍は考えたわけで、日本人もずいぶんと見下されたものである。占領軍が見下すのはよいとしても、それをそのまま自分らの憲法に載せたままであるというのは、ひょ

っとして、われらは見下されるに値するのかもしれない。そうならば、たしかに、状況が変れば奴隷的拘束とやらをやったりやられたりする、それが近代日本人ということになる。しかしそうだとしても、日本国憲法第三十一条に「何人も、法律の定める手続によらなければ、その生命若しくは自由を奪はれ、又はその他の刑罰を科せられない」とあるのだから、それで十分ではないだろうか。

思想及び良心の自由は、これを侵してはならない。

——日本国憲法第十九条

← (削除)。

——試案

思想や良心は人間の心中に胚胎《はいたい》するもので、それら自体を侵すことはまずできない。それらが言葉や行動で「表現」される段になってはじめて、自由の侵害ということが問題になる。日本国憲法第二十一条第一項で「表現の自由」が保障されているし、試案でもすでに述べたように「表現の自由」を「基本的自由」の一つとして認めているので、それで十分であろう。冗談をいっておけば、ひょっとして、この条文は「表現というものをしない市民の思想・良心について、それを洗脳などで侵してはならない」ということなのだろうか。そうだというのなら、私としては、沈黙も表現のうちに数えればよい、といっておきたい。

信教の自由は、何人に対してもこれを保障する。いかなる宗教団体も、国から特権を受け、又は政治上の権力を行使してはならない。

何人も、宗教上の行為、祝典、儀式又は行事に参加することを強制されない。

国及びその機関は、宗教教育その他いかなる宗教的活動もしてはならない。

——日本国憲法第二十条

←

日本政府は国教を定めてはならない。また政党活動および市場取引にかかわる宗教団体に特権を授けてはならない。

何人も宗教団体が中心となって催す儀式に参加することを強制されない。

日本政府は宗教教育のごとき積極的な宗教活動をしてはならない。

——試案

まず第一項についていうと、「信教の自由」は試案では「基本的自由」の箇所で規定したので再述の必要はない。「いかなる宗教団体も、国からの特権を受け（てはならない）」ということについては、国教というかたちでの特権を禁止するにとどめるのがよいと思う。私は、一年ほど前までは、現在における巨大宗教団体の実状にたいする批判の気持ちから、宗教団体から一切の特権を剝奪《はくだつ》すべしと考えていたのだが、それでは日本における宗教活動を衰弱させることにもなりかねない。たとえば税法上における宗教団体への特権をどの程度にすべきかは法律に任せるしかないのではないか。

宗教団体が「政治上の権力を行使してはならない」というのは間違いだと私は思う。いわゆる政教分離あるいは祭政分離は、その一致の弊害が顕著であったことにたいするアンチ・テーゼにすぎない。宗教は価値の問題に直接にかかわる。それゆえ、政治から宗教を排せよというのは、少なくとも思想的には、政治から価値を放逐せよというに等しい。私は良き祭政一致――ということは価値次元と利益次元の一致――こそが政治の理想型だとみなす立場から、宗教団体が政治に関与することを許容すべきだと考える。ただし、そうした宗教団体には、政治という世俗の次元にかかわるのである以上、特権を与えてはならないとしておくべきであろう。＊――また世俗の活動の最たるものである市場取引について、宗教団体が特権を受けてならないのは論を俟たない。――＊

第二項については、日本国憲法のままでもよいのであるが、問題は「宗教上の」という表現をどう解釈するかである。私は、常識にもとづいて、それは宗教上の価値を公的に表現することを目的とするような「行為、祝典、儀式又は行事」のことだと解釈するが、学校の入学式や卒業式における「君が代」斉唱をまで、皇室――「君が代」とは天皇の治世ということだ――と神道との深いかかわりのことを理由にして、忌避する市民もいる御時世である。つまり世俗の儀式におけるその部分を「宗教上の行為」とみなして国家斉唱に参加するように生徒に強制するのは憲法違反だというのである。

あらゆる儀式は多かれ少なかれ宗教性を帯びるのであり、そして世の中には、儀式への参加を拒否したものに制裁を与えることによって秩序を維持するような集団もありうる。となると、参加を強制されないのは「宗教団体が中心となって催す儀式」だというふうに特定したほうがよいのではないか。

第三項については、同じ伝で、「宗教教育その他いかなる宗教的活動」という表現を広く解釈し、いわゆる「公人としての」靖国神社参拝のようなものが政府の宗教活動に当たるとして批難するものがいる。占領軍の書いた憲法英文でいうと、「活動」はアクションであり、アクションとは積極的行為――実はそれを日本語では活動という――のことだ。そしてそういう積極的な宗教活動の代表例として宗教教育のことが挙げられているわけである。しかし占領憲法を「押し頂い」ておきながら、これは日本の憲法なのだから――日本語の曖昧さを存分に利用して――「活動」という言葉を広く解釈する向きもあるという次第である。そうならば、政府に禁止されているのは「宗教教育のごとき積極的な宗教活動」のみであるとていねいに規定しておいたほうがよい。

さて、日本市民の多数派に良識というものがあるならば、この第二十条などそもそも必要ではないのであろう。私のいう良識とは、政治をはじめとする公的活動には多かれ少なかれ儀式が必要であり、いかなる儀式も宗教色を伴わずにはおれず、そしてどの宗教色を用いるかとなると、公的活動の基礎が伝統の知恵であるからには、歴史のなかで最も長く持続している宗教のものとならざるをえないと知ることである。

こんな単純な良識すら半世紀にわたって打ち立てられないのが戦後日本である。このことを逆にいうと、憲法で政治と宗教のかかわりを明示しておかないと、特定宗教を強引に国教としたり、その国教にもとづいて学校も地域社会も政府も積極的宗教活動で満ち溢れるということになるのかもしれない。念のため政教分離の、いや政教区別の条項を設けておいたほうが無難であろう。

集会、結社及び言論、出版その他一切の表現の自由は、これを保障する。
検閲は、これをしてはならない。通信の秘密は、これを侵してはならない。

——日本国憲法第二十一条

↓

市民の表現の自由にかかわる法の秩序にあって、日本政府は、政府および市民の通信秘密が侵されることを禁止するとともに、政府が検閲を行うことの弊害および市民のプライバシーが破られることの弊害にたいして最大限の配慮をなさなければならない。

——試案

試案では、すでにみたように、表現の自由は基本的自由として認められている。しかしそれは無条件に認められるわけではなく、表現の自由もまた法の秩序の枠内で行われるのでなければならない。ここで、その表現の自由にまつわる法の秩序のあるべき姿を示そうというのである。

日本国憲法は、「公共の福祉」による自由への制限を随処に盛り込んでいる。たとえば第二十二条も「何人も、公共の福祉に反しない限り、居住、移転及び職業選択の自由を有する」となっている。ところがこの二十一条については「公共の福祉に反しない限り」という制限がないのである。これは、おそらく、「集会、結社、言論、出版」を主として反体制的な活動とみなし、そうした批判勢力を助長させたいという意図に発するものと推量される。その推量の真偽はともかくとして、反体制的なポーズをとる世論は、とくにマスコミによって誘導される世論は、――デモクラシーの基礎である世論に既成の権力（立法、行政および司法にたずさわる人々と機関）が迎合しなければならなくなっているという意味で――すでにして基礎権力になりおおせている。反体制を偽装する世論が体制の基底をなしている、これが大衆民主主義の逆説である。したがって「表現の自由」――試案では信教、言論、出版、結社、集会、学習および教育を総称して「表現」とよんでいる――にいかなる「法の秩序」を与えるかは喫緊の重要性をもつ課題である。

検閲を排し、通信秘密にたいする侵害を禁止することに、私は大筋で賛成する。そしてこの通信秘密は、国家の機密にかかわるような政府の通信にたいしても守られるべきであると思う。しかし市民（というよりも大衆）の表現活動が俗悪、堕落、紊乱《ぶんらん》の様相を示すことがますます多くなってきており、世論にそれを浄化する力量がないことも少しずつはっきりしてきている。そうならば、通信の秘密は絶対に守られるべきだとしても、検閲についてはかならずしもそうと断言できない。市民参加を許した上で構成される準公共機関が、検閲とまではいわなくとも、様々な表現活動の歪みにたいし勧告を与えるくらいのことがあってむしろ当然であろう。
それ以上に大事なのは、とくにマスコミにおける表現活動が「知る権利」の口実の下に、人間の「独りになる自由」と「自分のことにかんする情報は自分で管理する自由」とを、つまり「プライバシーの権利」を、侵害していることである。しかしプライバシー権をあまりに強めると、それが不法行為の隠れ簑《みの》にならぬともかぎらない。結局のところ、検閲にかんするのと同じく、プライバシー侵害にかんしても、それを絶対的に禁止するわけにはいかず、それらの弊害について注意を促すにとどめざるをえないであろう。
なお、プライバシーについて一言補足すると、日本国憲法を彩るヒューマニズム（性善説）からはプライバシーの観念はなかなか出てこない。なぜといって、プライバシーのうちには、他人に知られたくない自分の如何《いかが》わしさ、という要素が含まれていることが多いからだ。「ルールによる支配」という考え方は、ルールに明白に違反しないかぎり、互いの性悪めいた如何わしさについては、これを公然と社会の表面で暴露するようなことはしない、という相互了解の上に成り立つといってもよい。この自分らのひそかな如何わしさを――少なくともその可能性を――認めるならば、自分らの公然の表現活動が場合によっては如何わしさの限りを尽くすこともありうるということも承認され、したがってそれを法の秩序の下におく必要も理解されるのである。

学問の自由は、これを保障する。

――日本国憲法第二十三条

——試案

↓（削除）。

学問を言論のうちに含めておけば、それは基本的自由としてすでに保障されていることになる。

次に日本国憲法第二十四条「婚姻条項」には、「夫婦が同等の権利を有する」とか「両性の本質的平等」というように、明瞭に誤りというのではないが、「同等」や「平等」という言葉の意味を詮索するとボロの出そうな表現が眼につく。＊——これが二十二歳の女性ベアテ・シロタによって起草されたことは周知の事実である。——＊しかしそれは、要するに、家族内における性差別をやめるべし、ということで私に格別の異論があろうはずはない。＊——だが、「婚姻は、両性の合意のみに基いて成立し」という文章はいただけない。両性の合意「のみ」と記すことによって、その他の関係者の同意はどうでもよいということが含意されてしまっているからである。法律的にはそれでよいとしても、国民の価値観にも触れるものとしての憲法では、「両性の合意を重んじて」くらいにとどめておくのが妥当と思われる。——＊

すべて国民は、健康で文化的な最低限度の生活を営む権利を有する。

——日本国憲法第二十五条第一項

←日本政府はすべての日本市民および日本に長期に滞在する外国人にたいし健康的で文化的な生活にかんする最低水準を保障するよう最大限の努力をしなければならない。 ――試案

大概の市民は「健康で文化的な生活」を欲望するであろう。しかし欲望は権利ではない。どだい、生活上の最低保障をすべての市民に保障したくとも、経済事情が悪ければ、それをなすこと能わずである。この条文をいわゆる「生存権」の基礎とみなして福祉主義のイデオロギーを高揚させようとするのは現代の奇観というべきである。もし「生存権」の見地を認めるのなら、それは国際社会にも適用されるはずで、そうなると、たぶん何億人の飢えた人間が何者かによって生存権を奪われていることになる。だが、生存権とやらを世論レベルで公認しているといってよい日本市民は他国人のそれには無関心だ。要するに、自分は安穏に暮らしたいという欲望の代名詞が生存権だといわれているものとみるしかないのである。

ところで日本国憲法では、この条の第二項に「国は、すべての生活部面について、社会福祉、社会保障及び公衆衛生の向上及び増進に努めなければならない」とある。それで十分なのである。つまり政府の義務・責任としてシビル・ミニマムの「追求」があるということだ。私見では、シビル・ミニマムの概念は、市民の欲望に応える義務が政府にはある、という理路にもとづいて構成されるものではない。むしろ「法の秩序に従う」という基本的責任を市民が遂行しやすくする

ための条件がシビル・ミニマムなのだと私は考える。

つまり「法の秩序」は、市民が「健康で文化的な生活」を送れないような状態にあるとき、是非もなく不安定化する。そのことによって市民相互の経済的取引、政治的交渉、社会的交際、文化的接触も動揺し、それが国家全体の活動力を衰弱させる。政府に責任として課せられるのはこの衰弱を阻止することであり、そして市民がそうしたものとしてのシビル・ミニマムに潜在的にせよ同意せざるをえないのは、自分の個的かつ直接的な欲望のためではなく、国家全体の活力低下がひいては自分の活動可能性を弱めると判断してのことだ。それも市民の欲望といえなくはないのだが、私的な視野にもとづく欲望ではない。市民それぞれのもつ法秩序の安定化という社会的視野のいわば最大公約数、それがシビル・ミニマムである。つまりシビル・ミニマムは「市民のミニマム」であるよりも「市民社会のミニマム」である。以下ではこのことをさして「社会のシビル・ミニマム」とよぶことにする。

なお、試案では「日本に長期に滞在する外国人」もシビル・ミニマム保障の対象にしている。これも外国人への恩情からではないし、外国人の「生存権」を認めるからでもない。「法の秩序」は当然ながら外国人とのかかわりにおける秩序のことも含んでいる。外国にいる外国人とのかかわりは条約や国際法で律せられるが、日本に長期滞在している外国人は日本国内の法秩序に直接関与するかたちで——就業するかしないかにかかわりなく——活動している。そうである以上、シビル・ミニマムが彼らについても配慮されて当たり前であろう。

日本国憲法第二十六条の第二項の末尾に「義務教育は、これを無償とする」とあるが、これは余計であろう。義務教育への補助は政府のシビル・ミニマム保障の一部となりうるものであるが、その前に、義務教育を子供に受けさせるのは市民の基本的責任である。日本国憲法でもそうなっている。つまり、その責任を果たしたくても果たせないような貧窮市民にだけ、政府が——教育費と指定するか一般的所得保障に含ませるかはともかくとして——援助すればよい。少なくともそれが原則であろう。

すべて国民は、勤労の権利を有し、義務を負ふ。　——日本国憲法第二十七条第一項

↓

(削除)。　——試案

この日本国憲法の文句は、無意味というよりも誤謬である。おそらくこれは、占領軍民政局を方向づけていたいわゆる「ニューディーラー」の思想の応用である。つまりソフトソーシャリストとしての彼らは、「搾取されざる勤労は人類の喜びである」という社会主義的テーゼに動かされて「勤労の権利」を規定し、そして「働かざるもの食うべからず」という社会主義的テーゼに駆られて「勤労の義務」を規定したのであろう。経済のシステムは複雑でありそれを運営するのは困難である。で、失業者というものが生まれざるをえない。「勤労の権利」とやらが仮にある

としても、そんな権利を蹂躙するほかないのが経済システムというものだ。また、金利生活者というものがいることからもわかるように、「勤労の義務」とやらから逃れる人間もいなければうまく動かないのが経済システムである。

金利計算も勤労だというふうに勤労にもいろいろあるのだが――この条の第二項が賃金や就業時間のことを規定し、第三項が児童を酷使するのを禁止しているところをみると――勤労とはマルクス的意味での労働のことのようである。労働者万歳と叫んでも構わないとはいうものの、その場合には、社会主義的見解を一貫させてもらわなくては困るのだ。

政府は雇用政策に鋭意努力しなければならない、それが妥当な条文である。しかしそうした努力は先に述べたシビル・ミニマム保障への努力に含まれるとみてよい。つまるところ、「勤労の権利を有し、義務を負ふ」などというわかったようでわからない文言は削除するのが最善である。

財産権は、これを侵してはならない。
財産権の内容は、公共の福祉に適合するやうに、法律でこれを定める。
私有財産は、正当な補償の下に、これを公共のために用ひることができる。

――日本国憲法第二十九条

↓

市民の財産私有の自由にかかわる法の秩序にあって、日本政府は、社会のシビル・ミニマムが侵害されることのないよう、最大限の配慮をしなければならない。
日本政府は、市民の私有財産を社会のシビル・ミニマムを保障するために用いるとき、その財産保有者に正当な補償をなさなければならない。
——試案

これまでにいくどか指摘してきたように、人権思想に立脚する日本国憲法にあって、「公共の福祉」という概念は規範体系にとって外在的なものにすぎない。したがって、ヒューマニズムという頼りにならない——というよりも誤った——思想をむりやり動員して公共性の観念をつくり出すか、あるいは——国家主義になるのも恐れずに——政府が必要と判断するものに公共性のヴェイルを被らせるというやり方をとらざるをえなかった。

試案では「自由と責任」のあいだのバランスを可能にするものとしての「法の秩序」こそが公共性の根本であるととらえ、次にその秩序を安定したものにするためには「社会のシビル・ミニマム」の保障が必要である、というふうに理路を辿っている。そしてその保障は、実際的には、物質的・技術的・金銭的の事柄となることが多く、それゆえ私有財産の問題とぶつからざるをえないのである。試案条文は、そのことを明記しようとしている。

「社会のシビル・ミニマム」のことを「健康で文化的な最低限度の生活」と定義してすましておくのは、間違ってはいないが、曖昧である。つまり「健康で文化的」とは何のことかということだ。試案では、身体、居住・職業、財産そして表現にかかわる四種の基本的自由と、国防、納税、教育そして法秩序にかかわる四種の基本的責任とが、それぞれバランスを保ちながら充足され遂行されている状態が「健康で文化的な生活」とみなされている。そして、そうした社会生活を保障するのに必要な実体的条件――それは主として物質的・技術的・金銭的である――が「社会のシビル・ミニマム」ということである。

なお、日本国憲法が「財産権」という表現を用いているのも曖昧である。その権利が国家や集団に帰属する場合もあるからだ。日本社会にあって不可侵――「社会のシビル・ミニマム」による制限を別として――であるのは財産にたいする私権である、つまり私有財産制である。このことは、日本社会の「価値の源泉」を「法的秩序の下における自由」にあるとする試案の立場において、決定的な重みをもつ。私有財産制を基本とせずに自由主義が成り立つかということである。私有財産制は、単にマーケットにとってのみならず、デモクラシーにとっても不可欠なのだと憲法において宣するべきであろう。日本国憲法で「私有財産」という用語が出てくるのはこの第三項においてだけであり、しかもそれは「正当な補償の下に、これを公共のために用いることができる」という件《くだ》りときているのだ。

――日本国憲法第三十条

国民は、法律の定めるところにより、納税の義務を負ふ。

↓

市民の納税責任にかかわる法の秩序にあって、日本政府は社会のシビル・ミニマムが侵害さ

れることのないよう、最大限の配慮をしなければならない。——試案

この変更理由は前条にかんするのと同じである。ただ、日本の憲法学者のなかには奇妙な言辞を吐くものもいて、たとえば、この条文はそこに皇族の納税義務も含まれている点にある、などといわれている有様だ。また、この条文の本意はいわゆる「租税法律主義」——租税については法律で定める以外のことをしてはならないということ——をいうためのものだという意見もある。ところが実際には、所得税法には「控除」という規定があり、納税をしていない市民がたくさんいる。あっさりいうと、戦後日本にあって顕著なのは、「日本臣民ハ法律ノ定ムル所ニ従ヒ兵役ノ義務ヲ有ス」（大日本帝国憲法第二十条）ということと「日本臣民ハ法律ノ定ムル所ニ従ヒ納税ノ義務ヲ有ス」（同二十一条）という心得を失ったことだ。つまり国防と納税が市民たることの基本的責任だということが忘れられたのである。

納税についてのみいえば、消費税のような間接税のウェイトを高めることは、市民誰しもが経済活動をつうじて納税の責任を果たすことになるという意味で、憲法規範上も好ましいのである。納税もしないでおいて投票権を行使したり世論の圧力をかけたりするのは市民として恥ずべき行為だと考えるのが常識というものではないのか。とはいえ、納税行為によってシビル・ミニマムすら危うくなるというのでは、当該の納税者にとってのみならず、「法の秩序」にとっても由々しきことだ。で、市民の一般的な納税責任を明記するとともに、シビル・ミニマム保障の見地か

らその責任を免除することもありうべしとしたわけだ――間接税の場合には、その支払いに相当する分を所得保障として還付するということになる――。

日本国憲法第三十一条では、市民の生命・自由の剝奪や市民にたいする刑罰の施行は法律手続きによらなければならないと規定し、第三十二条では、市民の裁判を受ける権利を保障している。憲法としてはそれで十分と思われる。しかし第三十三条から第四十条までは、逮捕、拘留、捜索、拷問、弁護、供述、刑事補償などについてこまごまと規定している。占領軍は日本が警察国家になる虞《おそ》れ大とみなして、そうした規定を並べたのである。日本の市民が今もそれに同意するのならこのままでよいのだが、そこまで自分らを信じられないのなら、以下に検討する「国会」、「内閣」、「司法」、「財政」および「地方自治」についてもこまごまとやるのが筋であろう。私は自分および日本人をまあまあ信頼しているので、試案ではそれらすべてを削除し、こまかなことは法律に委ねることにする。

五　緊急事態における国家権力
――「三権」について――

日本国憲法の第四章「国会」、第五章「内閣」および第六章「司法」にかんして私のいえることは少ない。それらの制度の実体および実態について疎《うと》いからである。それらにかんして私のいいたいことも少ない。憲法規範を思想の問題として論じるという私の関心にとって、それらの制度は直接にはあまりかかわりがないからである。また論ずべきこと論じうることは、これまでにおおよそ尽くした気もする。しかし、ほんのいくつか、思想的に論じるに値する箇所が残されている。

日本国憲法の条文を引き合いに出しながら、制度論とかかわらせて、検討をつづけよう。

国会は、国権の最高機関であつて、国の唯一の立法機関である。——日本国憲法第四十一条

←

（国家権力の最高機関は、三権のあいだの依存と独立の構造そのものである）意とする。——試案

この条文について第一に気になるのは「国権」という言葉の曖昧さである。権威と権力を截然《せつぜん》と区別することは、まして単に概念的区別ではなく具体的な制度の性質を特定するに当たっては、困難である。しかし、大まかにいえば、日本という国民国家の権威については、天皇をその文化的代表者とすることによって、国会（最高の立法機関）、内閣（最高の行政機関）そして裁判所（最高の司法機関）の「三権」は、日本という市民社会における権威よりもむしろ権力を担当するという

ことであろう。逆にいうと、三権は権威の問題については慎重に対処しなければならないということだ。この点を曖昧にするという意味で、国権という言葉は少々有害である。

第二に、国権が国家権力のことをさすとして、その「最高機関」とはどういうことであろうか。国会が内閣と裁判所に権力として優位するということであろう。たしかに三権は少なくとも日本にあっては分立しているとはいえない。内閣はいわゆる議院内閣制であって、内閣総理大臣は国会で指名され（日本国憲法第六十七条）、そして総理大臣と国務大臣の過半数は国会議員でなければならない（同六十七条および六十八条）。またその内閣が最高裁判所長官を指名し（同六条第二項）かつ他の裁判官を任命する（同七十九条および八十条）ことになっている。さらに、最高裁判所にいわゆる「違憲立法審査権」がある（同八十一条）といっても、それは違憲訴訟があっての話であり、またその種の訴訟に長大な時間がかかることは周知のところだ。結局、相対的な権力関係としていえば、日本国憲法にあっては国会が権力の最高機関だといってよいであろう。

この最高性の源泉は、国会議員が市民の選挙によって選ばれるという点にある。つまりデモクラシー（市民の支配）の価値観からして国会が最高権力となるわけだ。ここで注意しなければならないのは、このようなデモクラティックな価値評価がえてして直接民主制をもってよしとする考え方や雰囲気に結びつくということである。つまり市民の感情や意見や行動に近ければ近いほどより大きな権力を振るってよいとする傾きである。

これはデモクラシーの健全な発達にとって、一面ではむろん益するわけであるが、他面では危険なしとしない。なぜなら、日本を含め近代国家が採用しているのは間接民主制だからである。間接民主制の要点は、ひとたび代議士となったものは選挙民の意向からある程度独立して行動できるということである。極端な場合、選挙民に向けて発したいわゆる公約に違反することもできる。事情が変ったり自分の判断が変ったりすれば、公約と逆のことをしてもよいということだ。それのみならず、代議士は、本質的には、選挙民の利益代表者であってはならず、国家全体の利益の代表者でなければならない。なぜなら、わかりやすい例でいうと、彼は国家全体にかかわるものとしての「総理」大臣や「国務」大臣になるのかもしれないからである。

同じ理路にもとづいて、国会で指名された総理大臣および総理大臣の任命によって成り立つ内閣は、国会からある程度独立する。そしてこの相対的独立性が、あとで言及する「緊急事態」のような場合、絶対的独立性に高まるのである。裁判官についても、「憲法及び法律にのみ拘束される」(同七十六条)のであってみれば、同じことがいえるであろう。

このような三権のあいだの依存と独立のあやなす微妙な関係を考慮に入れるとき、「国会は国権の最高機関である」と規定するのはむしろ弊害が大きいのではないか。それはせいぜい、代議士が「世論の支配」に屈したり、「圧力団体の利益」に奉じたりするのを助長するにとどまるのではないか。国家権力の最高機関は「三権のあいだの依存と独立の構造」そのものだとしておけばよいのである。

国会は、衆議院及び参議院の両議院でこれを構成する。

——日本国憲法第四十二条

↓

国会は、衆議院でこれを構成する。

——試案

両議院は、全国民を代表する選挙された議員でこれを組織する。

——日本国憲法第四十三条第一項

↓

衆議院は、全国民を代表する選挙された議員でこれを組織する。

——試案

現行参議院が日本の政治にとって無用の長物からさらに有害な障害物になりつつあることについては今さら言及するまでもない。貴族階級の代表でもなく連邦政府の代表でもないものとしての日本の参議院議員は、もしその存在に意味があるとしたら、政治をめぐる直接的・個別的な利害から距離をおくことのできる超俗的にして超党派的な人格・識見を彼らがもつ場合にかぎられよう。本来ならば、「知識院」のようなものをおくのが筋であろうが、そうした人格・識見の見分け方が難しいのみならず、日本の選挙民がそもそもそれを見分けることに関心をもっているかどうか、あやしいものなのだ。したがって被選挙人の資格を主として年齢だけで決めるというやり方のままで、選挙区の大きさや代表制の種類をあれこれ変えてみてもさしたる改善はみられないであろう。

そうかといって選挙以外の方式をとるわけにもいかない。推薦方式や任命方式をとろうにも、推薦・任命を誰が行うのか、誰がそのようなことをするにふさわしい人格・識見をもっているのか、まったく見当もつかない。また被選挙人の資格を納税額、学歴（またはそれに相当する知的経歴）、社会的活動歴あるいは政治経験者からの推薦受領数などの基準によって限定してみても、それらの基準が参議院議員にふさわしい人格・識見を指し示すかどうか、まったく不確かな話である。

というふうに考えてくると、まず参議院を廃止してみるのがよいと私は思う。それで事態が悪化しないのなら、参議院は廃止したままにしておくがよい。万が一、悪化の兆しが出てきたとしても、その場合には、日本市民が参議院に何を期待しているのかが少しは切実な問題として論じられることになるであろう。つまり参議院のあり方を新たに定めるということになれば、市民のなかから実行可能な案が出尽くすであろう。私の暫定的な見通しでは、先の四基準――納税額、学歴、活動歴、推薦受領数――をすべて満たすものだけが被選挙人の資格を得る、という以上の案は出てこないであろう。その案によると、貧乏人、低学歴者、個人主義者および政治の素人は参議院議員にはなれない。金持ちで高学歴で社会奉仕が好きな上に既成の政界にも信頼があるものが参議院選に立候補できる。私の個人的好みからいえば、どうも近づきたくない連中ということになるが、政治は好き嫌いの問題ではないから仕様がない。

いずれにせよ、西欧の一部にみられるような階級的権威も知的権威も根こそぎにされたばかりか、政界、財界、官界および学界の権威すらもが「世論の支配」に迎合することによってその地位を維持できるというような日本的大衆社会あるいは日本的平等社会の現状にあって、衆議院を超俗的かつ超党派的にチェックするのが参議院の役割だとしてみても、それは極度に空しい規範である。俗的党派の闘争場というべき衆議院に政治をすべて託してみて、その穢《けが》れのただなかで清めの必要を確認するところから始めるしかないように私は思う。


内閣は、国に緊急の必要があるときは、参議院の緊急集会を求めることができる。

前項但書の緊急集会において採られた措置は、臨時のものであつて、次の国会開会の後十日以内に、衆議院の同意がない場合には、その効力を失ふ。

――日本国憲法第五十四条第二項後半および第三項

↓

緊急事態が宣せられた場合、国会の会期は、国会の議決でその継続延長ができるものとする。また、国会議員の任期満了後または衆議院の解散後に緊急事態が宣言された場合、あらたに国会が成立するまでのあいだ、前の国会が引きつづきその権限を行使するものとする。――試案

日本国憲法に「緊急」という言葉が出てくるのはこの箇所だけである。しかもここでの「緊急」の意味は、たまたま衆議院の解散中に審議・決定すべき政治課題が何か起こる、ということであ

るにすぎない。逆にいうと、衆議院が解散されていないあいだは、「緊急」とよぶべき事態は生じないと日本国憲法は考えているわけだ。

いずれにせよ、衆議院の解散から総選挙まで長くて四十日そして総選挙から国会召集まで長くて三十日（同五十四条）、合わせて最長七十日間のあいだに、内閣が通常業務として処理できないような問題、しかもその間に処理しなければならないような問題が起こった場合が想定されている。それは内閣も衆議院も予期できなかったという意味では、まことの緊急事態ではないだろうか。しかしそれを予期した上で衆議院を解散したのだとしたら、内閣不信任を決議した衆議院の代議士も、それに衆議院解散をもって応じた内閣の大臣も、要するに政治家として完全に失格である。

もちろん、緊急事態を目前に予期してはいるのだが、任期満了で総選挙に入らざるをえないという場合もある。しかし、緊急事態のさなかに選挙をやるような愚行を政治に強いる憲法は憲法として完全に失格である。つまり、「緊急事態宣言」――それを発するのはあとでみるように内閣であるべきだ――の可能性を憲法は予定していなければならず、その可能性が現実になったとき、国会もそれに敏速に対応しなければならないのだ。たとえば、緊急事態が宣せられたら、国会解散中であっても、前期の国会がその権限を継続するというふうにしておかなければならない。そのようにしておけば、廃止するのが適当なような参議院の緊急集会によって非常事態に対応する、という情け無い状態に国会を追い込まなくてすむのである。

ここまでくると日本国憲法はまぎれもなく占領憲法だとわかる。占領軍の「押し付け」とか日本がわの「押し頂き」とかいうことではなく、日本に起こりうべき非常事態にたいしては、占領軍がそれに対処するものと想定されているということだ。参議院の「緊急集会」なるものに期待されていたのは、天変地異のような突発事に対処することくらいだったのであろう。国家の秩序そのものが危殆《きたい》に陥るような緊急事態には占領軍が出向き、その間、日本人は総選挙をやっているという光景は、まるで揺籠《ゆりかご》にまどろむ幼児の姿である。＊――近年、「有事立法」なるものが行われているが、それとて緊急事態において「米軍への協力」を円滑に進めるためのものにすぎず、国家の有事に自主的に立ち向かうためのものではないのである。――＊

したがって日本国憲法の「内閣」の章にかんする改正点は単純明快である。七種の「内閣の職務」を規定している第七十三条に緊急事態のことを追加し、それに応じて国会の対応策を定めておけばよいわけだ。「対応策」については中川八洋氏の案文――参考文献参照のこと――をそのまま採用させてもらった。

なお、緊急事態宣言については次のようになる。

――試案

（「内閣の職務」その八）を追加。

緊急事態を決定し、それを宣言すること。

内閣の発した緊急事態宣言が適切なものであるかどうか、（事務的には）適切であったかどうか、を議論したり審議したりする権限が国会にあるのはもちろんのことである。というより国会はいかなることについても議論し審議することができる。当該の緊急事態宣言を不適切とみる方向での審議は内閣不信任の決議案をめぐるものとなるであろうし、またそのような慣行を国会はつくり出すべきでもあろう。

しかしいずれにしても、緊急事態の決定（および宣言）権が大権であることは間違いない、非常事態のことが憲法に明記されれば、各法律もそれに応じて修正されることになるであろう。とくに物理的側面では軍隊と警察にかかわる法律が、そして金銭的側面ではいうまでもなく財政にかかわる法律が、緊急事態の場合における例外規定を盛り込むであろう。緊急・例外の状況にかんする規定は、その本質としていえば、「非常事態の場合は以上の限りにあらず」というかたちをとる。

それではあまりに無秩序だというのなら、世界各国における過去の事態の推移でも参考にして、緊急事態を僅かでも定型の枠組によってとらえるべく「緊急事態対処法」のようなものをつくればよい。つまり例外状況を想定しつつも、そこにはなおも秩序を見出そうと努めるべきである。

だが、そうしたとしても、内閣が非常大権をもつことに変りはない。非常大権はデモクラシー（市民による支配）の否定であるのみならず、法治（法による支配）にたいする決定的な挑戦である。「市民（および市民代表）の不在」のかたちで、例外状況にたいして「法なき（に等しい）支配」を行う、それが非常大権だからである。少し厳密にいえば、「市民による支配」が緊急事態条項を設けることによって自分自身を否定し、法治も緊急事態条項をつうじて自分自身を否定するわけだ。しかしそうした自己否定の可能性を憲法のうちに取り込むことによって、逆に、「市民による支配」と「法による支配」は自分らこそが国家の規範体系のラスト・リゾートつまり「最後の拠り所」であると自己肯定するのである。非常大権は「決定主権」の中心にある。したがって、「決定主権」という意味においてならば、この非常大権こそが市民主権のメルクマールである。しかし、逆説的なことに、非常大権に一般市民が関与することは叶わず、市民によって選ばれた内閣のみがそれを行使するのである。

世俗の根本規範たる憲法は、一方では（日本では天皇制というかたちで）「聖の領域」へと開口しており、他方では非常大権をつうじて「危機の領域」へと通口している。「聖」も「危機」もそれぞれ未知につらぬかれている。いいかえれば、既存の価値・規範の中心基準は未知であると確認するのが「聖の領域」の画定であり、既存の価値・規範の限界もまた未知であると確認するのが「危機の領域」の設定である。天皇は「皇室の宗教的儀式」をつうじて前者の領域を象徴し、その意味で日本の文化的最高代表である。総理大臣は（可能性としての）「非常大権」を背負うことをつうじて後者の領域を象徴し、その意味で日本の政治的最高代表である。最高代表のことを「元首」とよぶなら、日本は双頭の元首制をもっているということになる。

繰り返すと、このようなものとして元首を有するのはデモクラシーと法治にたいする冒瀆《ぼうとく》だといって騒ぐのは間違いである。むしろ逆であろう。市民の常識によってでも法の通念によっても対処しえない「未知の領域」があるとあらかじめ承認してみせ、しかもその「未知の領域」にたいしてすらあらかじめ制度的の準備をしておく、それが天皇制であり緊急事態条項なのだ。つまり両者は、「未知の領域」を前にしては不完全たらざるをえないデモクラシーと法治がそれでもなお完全性をめざしたところに発明された制度だといえる。またそうであればこそ、市民の常識も法の通念も、これらの制度によって破壊されないよう、みずからを鍛え上げなければならないのである。

なお、国家の危機管理のことに触れて、少々テクニカルなことを指摘しておくと、日本国憲法第六十六条「内閣の組織」のところでは、内閣副総理大臣という地位を設けておくべきなのであろう。総理大臣に不慮の事故が起こったとき、政治的元首が不在になってしまうからである。ついでにいっておくと、同条のいわゆる「文民条項」は固守すべきである。非常大権が内閣に与えられるとき、軍隊にたいするシビリアン・コントロールの必要がいっそう高まる。「内閣総理大臣その他の国務大臣は、文民でなければならない」(同条第二項)ということにしておかないと、非常大権の発動・運用に対して軍隊が圧力をかけるという虞れが残る。しかしシビリアン・コントロールにあっては、その軍事的無知のために実効を欠くということも起こりうる。それは「国家最高会議」のような場所における軍隊との連絡でなんとか補強できるであろうか。

＊——かならずしもそうではないというのなら、文民のうちには(軍籍を離れるという条件つきで)

軍隊経験者も含まれるとしておくべきであろう。というのも、内閣の軍事的無知ということのほかに、軍隊が政治的に引き回されるという危険もあるからである。たとえば、軍隊と内閣の関係があまりにも隔たっていると、軍隊にとって不名誉な戦略・戦術を内閣が決定するのにたいし軍隊が抵抗できないという始末になる。そういう事態が起こると、軍隊のモーラル（道徳）もモラール（士気）も低下するに相違ない。元々、この第六十六条第二項（文民条項）は極東委員会の要求によってつくられたもので、それは、我が国が（自衛用の）軍隊を持つことそれ自体への懸念に発している。かかる不当な動機にもとづく条項を後生大事に持ち長らえることはないのである。

――＊

「司法」の章について私のいえることはさらに少ない。ただし、日本国憲法第七十九条第二項（それに関連して第三、第四項）にあるいわゆる「最高裁判所裁判官の国民審査」はさっさと廃止するがよい、ということははっきりしている。

最高裁判所の裁判官の任命は、その任命後初めて行はれる衆議院議員総選挙の際国民の審査に付し、その後十年を経過した後初めて行はれる衆議院議員総選挙の際更に審査に付し、その後も同様とする。

――日本国憲法第七十九条第二項

←

――試案（削除）。

この日本国憲法の条文は実に莫迦げたものであって、市民に最高裁判事の適否を判断する能力があるというのなら、内閣総理大臣の適否についてはもっとあるとみてよいであろう。何といっても政治家の資質については法律的な専門知識など必要ないし、また、著名政治家についてはマスコミなどをつうじてふだんから一定の判断材料を得ているからである。となると、最高裁判事の国民審査を認めるのなら、総理大臣および国務大臣についてもそうせよということになり、次第に直接民主制に接近していく。世論が三権を直接的に左右することになり、とくに世論が「感情による支配」に流れていくとき、「法による支配」が崩され、市民主権主義と衆愚政治に堕ちていく。市民は、自分らの法律的無知と司法官の人格・識見にかんする自分らの無関心を素直に認め、内閣が最高裁判所長官を指名しその他の裁判官を任命する（日本国憲法第六条第二項、第七十九条第一項および第八十条第一項）ことで十分としなければなるまい。

これで「三権」についての私の批評は終ったが、あと「財政」と「地方自治」のことが残っている。論ずべきことは少ないので、ついでに若干の論争を加えておこう。――なお、この点については前記の中川八洋氏の文献が大いに参考になった――。

まず、「財政」の章については、非常事態との関連での修正をどの箇所に入れるか、ということが主たる問題となる。日本国憲法第八十七条の「予備費条項」にそれを挿入するというわけにはいかないであろう。なぜなら、「予見し難い予算の不足に充てる」(同条第一項)ものとしての「予備費」はいわば財政処理における誤差のことであり、したがってその額については国会の議決を必要とするからである。緊急事態にかかわる「非常費」ともいうべきものは、予算と支出の双方について内閣の自由裁量によって行われざるをえない。それゆえ、「国の財政を処理する権限は、国会の議決に基いて、これを行使しなければならない」というふうに財政の基本原則を定めた第八十三条の次に、新たに条文を設け、

緊急事態宣言が発せられた場合には、内閣は国会の議決を経ずに財政を処理することができる。

ただしその処理について、内閣は事後に国会の承諾を得なければならない。

というふうにしておけばよいのではないか。

なお、「すべて皇室財産は、国に属する。すべて皇室の費用は、予算に計上して国会の議決を経なければならない」と定めている日本国憲法第八十八条は、次のように変えたほうがよい。

皇室の費用については内閣がそれらを管轄し、その結果を国会に報告しなければならない。

──試案

なぜなら試案では、すでに述べたように、皇室財産の授受については、「国会の議決を経る必要がある」というのと「皇室の慣習に任せる」というのとの中間をとって、「内閣の助言と承認を必要とする」というのが妥当であろうと判断したからである。

それ以上に問題であるのは次の八十九条である。

公金その他の公の財産は、宗教上の組織若しくは団体の使用、便益若しくは維持のため、又は公の支配に属しない慈善、教育若しくは博愛の事業に対し、これを支出し、又はその利用に供してはならない。

──日本国憲法第八十九条

↓

（削除）。

──試案

日本国憲法における「公の支配」という言葉の解釈次第についてであるが、常識に従えば、それは「国公立」のことであろう。つまり私学助成金などは憲法違反なのである。なぜこのような下らぬ条文ができたのか。忖度《そんたく》するに、国家権力を悪と見立て、それが自分に都合のよい関連団体にたいし極めて恣意的に公金を流用する危険ありと懸念したのであろう。つまり日本国憲法は財政にかんする国会議決の原則をすら信じていないということである。神社、寺院、学校、病院、このほかどんな私立の組織・団体であれ、助成に値するものならば公金をこれに遣って悪い理由はない。この条文は削除するのが至当である。

「地方自治」については、たった一つ気掛かりな点があるだけである。このいわゆる地方特別法についても私は地方自治の実情を知らぬのであってみれば、考え方の上での注意を促すにとどめるべきであろう。日本国憲法第九十五条には、「一の地方公共団体のみに適用される特別法」を国会が制定するに当たって、その地域の「住民の投票においてその過半数の同意を得なければ」ならないとされている。国会がそうした特別法をつくろうとするのは、当該地域の問題が国家全体の問題に直接にかかわっているからであろう。つまり「部分と全体」との葛藤のことがここでの問題なのである。この条文は、どちらかというと、部分のがわに軍配を上げようとしているようにみえる。ここにも直接民主制への勾配が示されていると私には思われる。

——日本国憲法第九十五条

一の地方公共団体のみに適用される特別法は、法律の定めるところにより、その地方公共団体の住民の投票においてその過半数の同意を得なければ、国会は、これを制定することができない。

←

特定の地方公共団体に適応される特別法は、国会の投票で五分の三、そして地域住民投票で五分の二の同意を必要とする。——試案

いうまでもなく、部分と全体のいずれをとるかという二者択一は過《あやま》てるものだ。地方自治の実態と歴史をふまえなければ断言できないことだが、考え方としていえば、国家全体の形を整えるのが憲法である以上、全体のがわにいくぶん傾く規範となるのが筋である。たとえば——こんな具体的なことはむしろ法律に委ねるべきことであろうが——地方特別法の制定に当たっては国会で五分の三、そして地域住民投票では五分の二の同意が必要といったことにしておけばよいのではないか。いずれにせよ議論さるべきは、部分にたいして全体が抑圧を及ぼす危険ばかりではなく全体にたいして部分が障碍《しょうがい》となる危険もあるということについてである。

＊——このことに関連して、国内秩序におけるいわゆるローカル・セルフガヴァメントつまり「地方自治」の原則は、インターリージョナリティつまり「域際主義」に改められるべきである。アメリカ流の地方自治原則は、諸個人が地方自治体を（社会契約として）構成し、次に諸自治体が（同じく社会契約として）中央政府を形作る、という考え方をとっている。しかしこれは次の二つの点で間違った社会観である。

一つに、リージョン（地域）におけるインハビタント（住民）は、本質的には、当該地域の「習慣《ハビット》の中に《イン》」住まう存在である。二つに、様々な地域のあいだの域際関係を統御するのは中央

政府の仕事である。要するに、歴史的には慣習のはたらきを、そして社会的には国家（国民とこの中央政府）のはたらきかけを受けて存在しているのが地域だ、ということが現憲法では明確にされていないのである。そのことをはっきりさせるには、たとえば、「地上政治にかんして、定住期間の長い住民により大きな権利を与える」とか「地方への交付金や補助金にかんして、中央政府と諸地方自治体のあいだの協議機関を設ける」といったことが考えられる。しかし、ここでそれについて詳述する余裕はない。——＊

六　静かなる法的革命

——「改正」について——

いよいよ憲法の改正手続きを論じる段まできた。まず日本国憲法の手続きと試案でのそれとを対比させ、それにもとづいて憲法改正にまつわる論点を浮き彫りにしてみよう。

この憲法の改正は、各議院の総議員の三分の二以上の賛成で、国会が、これを発議し、国民に提案してその承認を経なければならない。この承認には、特別の国民投票又は国会の定める選挙の際行はれる投票において、その過半数の賛成を必要とする。

——日本国憲法第九十六条第一項

←この憲法の改正が許されるのは第四章から第九章までの部分にかぎられる。

この憲法の改正は、国会の三分の二以上の賛成で、内閣がこれを発議し、市民投票の過半数によって承認されなければならない。

——試案

読者はこの試案条文をみておそらく驚かれるか、もしくは怒りを覚えられるであろう。なぜなら、この案文は日本国憲法のものよりも「硬性」だからである。つまり試案では、改正可能なのは第四章以降（「国会」、「内閣」、「裁判所」、「財政」、「地方自治」そして「改正」）だけだとされている。第三章まで（「前文」、「天皇」、「国防」そして「基本的自由と基本的責任」）を試案憲法の根幹部分（シュミットの憲法）とみなし、その部分については試案憲法の枠内では変更できないとするわけだ。変更できるのは憲法の枝葉部分（シュミットの憲法律）のみに限定するのはいわば「強硬性憲法」であり、これとくらべると日本国憲法のほうがまだしも軟性なのである。

もちろん、憲法制定後に「憲法の根幹」についても文章表現などの点で修正すべき点はたくさん見出されることになるであろう。それに応じて憲法解釈が部分的にはいろいろと変動するであろう。しかしそんなことについてまでいちいち改正手続きに乗せる必要はないと考える。「憲法の根幹」についても部分的な解釈変更をすすんで許容するという意味では、試案憲法は大いに軟性である。重要なのは、その解釈変更が、一貫した思想と堅固な政策に裏づけられているかどうか、したがって世論の確実な支持をとりつけているかどうか、ということである。

ほかの言い方をすると、よほどに硬直した内容をもった――たとえば日本国憲法のような――憲法でないかぎり、「憲法の根幹」についてもいわゆる解釈改憲でやっていけるということである。いや、それを「改憲」とよぶのは当たらないのであって、柔軟な内容をもった憲法にたいするありうべき「解釈の変遷」であるということにすぎない。よき憲法状態を保つためには、その内容が硬性ならば改正手続きを軟性にしなければならず、その内容が軟性ならば改正手続きを硬性にしなければならないということだ。

日本の憲法状態が劣悪なものになっているのは内容も改正手続きもともに硬性だからである。その逆に、内容も手続きもともに軟性の場合には、おそらく、市民は憲法意識そのものを弱めることになるであろう。成文憲法についてはそれで悪いというのではないのだが、その場合には、不文憲法が――市民の良識としての伝統的規範が――たとえばイギリスにおけるように社会に定着しているのでなければならない。したがって、不文憲法に戻ることの叶わぬ日本としては、硬性の憲法内容と軟性の憲法改正手続きという組み合わせをとるか、それとも軟性の憲法内容と硬性の憲法改正手続きという組み合わせをとるかという選択に直面するのであり、試案では後者をとる次第である。なぜそうするかというと、試案憲法を根底で支えているのは「伝統の知恵」にたいする信頼であり、そして「伝統の知恵」が軟性でないわけがないからだ。逆にいうと、「科学の理性」によってつくられた憲法内容は硬性であり、それゆえ改正手続きを軟性にするしかないということである。

いうまでもなく、柔軟な憲法内容であってもついに時代や状況に合わなくなるときがある。試案では、その場合には、新たな「憲法制定会議」を開催し、いわば法的革命として、「憲法の根幹」を変更せざるをえないというふうにとらえている。法的革命に伴う社会的混乱のことはどうするのかという反論もあるであろうが、試案の場合には、それまでに様々なる「解釈の変遷」があるとされているのであるから、その過程で、すでに「革命」すべき論点も筋道も市民のあいだに明らかとなっているとみなしてよい。つまり試案の場合には「静かな革命」を期待してもよいのである。

さらに、「憲法の根幹」(憲法)と「憲法の枝葉」(憲法律)とに区別してみても、その境界線は実際上はかならずしも分明ではない。とくに試案のように憲法内容を柔軟にしようとしている場合にはそうである。そうならば、実質的には「憲法の根幹」にかんする解釈を変更するような改正を「憲法の枝葉」においてなすこともある程度可能になってしまう。つまり第四章以降の改正をあまり容易にしておくと、これも市民の憲法意識を弱化させる因になるのではないか。そのように考えて、試案では「憲法の枝葉」についても日本国憲法と同じ水準で硬性のものにしておいた。

そのようにしたもう一つの理由は、試案では「憲法の根幹」についてすら柔軟な解釈およびその変遷を認めているのであるから、「憲法の枝葉」についてはその許容範囲はもっと広いとしてよい。そうならば、憲法改正はかなり極端な状況だけを想定しておけばよいことになり、で、改正手続きについては硬性としてよいという理屈になるわけだ。

もちろん、憲法改正の発議に際して、国会の三分の二以上の賛成が必要だ――試案では参議院は廃止されている――という場合の「三分の二」つまり約六十五％という数字それ自体は、私のいわば思想的表明にすぎない。つまり、憲法改正は簡単ではない、ということを示せば、ここではさしあたり十分である。つまり、六十五％は五十五％であってもよいのである。また国会で七十五％の賛成を得れば市民投票は必要なし、としてもよいのかもしれない。

これまで日本国憲法の改正を積極的に唱えてきた論者たちは、改正を頓挫《とんざ》させた主因がこの九十六条にありとみなして、彼らの代案を示すとき、改正手続きについては軟性のものを用意してきた。しかし彼らは、次の二つの点を見落としているのではないか。一つは、日本国憲法がとくにその平和主義条項において異形をさらしており、したがってそれを改正するのが彼らには当然ながら切実な課題と思われた。「各議院の総議員の三分の二以上の賛成」という発議条件がその改正を邪魔する元凶とみなされたわけだ。それはそのとおりなのだが、いわば正形の新憲法をつくった場合には、その切実味は減少する。改正手続きの硬直ぶりにあまり気を遣わなくてすむような柔軟な憲法を新たに構想する、というふうに考えたらどうであろうか。

二つに、戦後の半世紀、世論のレベルでは実は憲法論議はないも同然だったのである。「天皇」という言葉を発したとたんに、天皇主義者のレッテルが貼られる。「軍隊」という言葉を発するやいなや、戦争主義者と断罪される。「悪平等」や「自由の履き違え」などといおうものなら権力主義者と批難される。要するに憲法論議とみえたものは、憲法を種にしたイデオロギー抗争にすぎなかったのである。いやイデオロギーとは「観念の体系」のことであって、それらの抗争にはそんな体系はなかった。感情と雰囲気のぶつけ合いが日本国憲法という土俵の上で演じられたということだ。

しかしようやくにして、国際社会における政治、経済、文化そして軍事のリアリズムをみせつけられて、さしもの戦後日本人も自分らの憲法を感情と雰囲気で包んでいるだけではやっていけぬと考えつつある。これからは、憲法論議も内実のあるものになり、その論じ方も冷静になっていくのではないか。そうなれば、国会および世論における「同意」もとりつけやすくなると思われるのである。

なお日本国憲法では、憲法改正の発議は「国会」がすることになっている。これは、考え方として、誤っているのではないか。憲法改正は、既存の根本規範に疑義を呈するという意味で、緊急事態とまではいわないが、準非常の状態である。とくに改正手続きが硬性の場合にそうである。新しい規範が市民に受け入れられるかどうかについて大きな不確実に直面せざるをえないという意味で、それは高度に政治的な行為である。そうならば、内閣がそれを発議すべきだと私は思う。また、議院内閣制という点を考えると、内閣が発議するということは、それがおおよそ国会の過半数の支持をすでに得ている（もしくはその見込みが高い）ということである。一般の議員が安直に憲法改正を議案として提出して、それが国会で簡単に否決されるというようなことが起こり始めると、憲法論議それ自体が皮相のものに滑っていく懸念も無視できない。

日本国憲法に話を戻すと、すでに指摘したように、前文で「この憲法は、かかる〔人類普遍の〕原理に基くもので……これに反する一切の憲法……を排除する」といっているのみならず、第十章「最高法規」の第九十九条では「天皇又は摂政及び国務大臣、国会議員、裁判官その他の公務員は、この憲法を尊重し擁護する義務を負ふ」となっている。これは、思想の次元で矛盾に逢着《ほうちゃく》せざるをえないという意味で、面白い文句だといってよい。

なるほど、国家の長期にわたる（はずのものとしての）根本規範を提示するからには、いかなる制憲主体もみずからの憲法の普遍性を謳い、それを擁護するよう市民に訴えかけざるをえないであろう。しかし改正条項があるということ自体、みずからその普遍性を疑い、その擁護について躊《ちゅう》躇《ちょ》しているということである。日本国憲法がこの懐疑と躊躇を手放さなかったならば、こういう前文も第九十九条も書けなかったであろう。

前文についてはすでに検討したので第九十九条についてのみいうと、せいぜいのところ「すべての公務員は、その職務に当たって、この憲法を遵守しなければならない」くらいにいっておけばよかったのだ。「この憲法を擁護する義務を負ふ」というのはいいすぎというものだ。たとえば、内閣が憲法改正を発議するのは果たして憲法擁護に当たるか否か、というような下らぬ議論が起こってしまうからである。それに、公務員が憲法批判をしてはいけないとなると、それは言論の自由にたいする明白な抑圧でもある。結論としては、憲法遵守は市民すべての基本的責任であること自明であるから、こんな条文は不要だということである。

この条文にかんするもう一つの面白い論点は、憲法にかんする尊重・擁護の義務を負うものとして天皇のことも挙げられているということである。たぶん、この条文にもとづいて今上天皇（編集部注・現在の上皇陛下）は御即位に当たって現在の「憲法を守る」という意志を表明されたのであろう。しかし、私案の線に沿っていえば――また大半の日本人の常識にもとづけば――天皇は日本の伝統の象徴である。そしてこの伝統の線上には、日本国憲法とは異なる規範がいくつも横たわっていた。それらの全歴史を象徴するのが天皇という地位だとみなすとき、天皇は特定の憲法には拘束されるような存在ではないということになる。

そのことは昭和天皇についてもっと明瞭であったのだ。昭和天皇の時代に大日本帝国憲法と日本国憲法という互いに相容れない（と解釈されている）二つの憲法が継続し、その双方において昭和天皇は神聖な存在であり象徴的な存在であった。そのこと自体、天皇の地位は憲法において規定されるものでありながらも、憲法の次元をなにほどか超え出ていることを意味する。つまり憲法を超え出ることを憲法で規定されるという逆説的の存在、それが天皇だといえる。日本国憲法第九十九条はこの逆説に少しも気づかず、今上天皇もそのことに気づかれずに、「憲法を守る」という「即位後朝見の儀」における「御言葉」になったものと思料される。

七　国際法規形成への努力

――外交について――

これまでに言及したように、日本国憲法第十章「最高法規」は、「基本的人権の本質」を再述した第九十七条そして「憲法尊重・擁護の義務」を謳った第九十八条第一項および第九十九条のすべてが余分であるか、または誤謬を含んでいる。で、第十章をすべて削除といきたいのだが、そこに一つだけ決定的に重要な条項が含まれている。

それを再録して試案と対比させると、

日本国が締結した条約及び確立された国際法規は、これを誠実に遵守することを必要とする。

――日本国憲法第九十八条第二項

←

日本政府および日本市民は日本政府の締結した条約および国際社会において確立されている国際法規を守らなければならない。

条約および国際法規と日本の法秩序とのあいだに不一致が見出されたとき、それを調整するのは日本政府の責任である。

> その調整に当たり、日本の憲法・法律を改正しないあいだは、条約および国際法規にたいしてよりも日本の法秩序にたいして多くの考慮を払わなければならない。
>
> 日本政府には、国際秩序を安定させるため、とくに国際社会における国際的シビル・ミニマムを達成するため、よき国際法規の形成に努力する責任がある。
>
> ――試案

試案の第一項は日本国憲法と同じ内容であるが、第二項では、条約と国際法規の両者を合わせて国際関係法とよぶことにすれば、国際関係法のあいだのありうべき矛盾を指摘し、その間の調整を日本政府がしなければいけないと規定する。なぜ「調整」という言葉を遣ったかといえば、国際関係法と国内法のあいだで二者択一することはできないことが多いからだ。その典型が国連憲章と日本国憲法との関係である。

国連憲章はその第七章「平和に対する脅威、平和の破壊及び侵略行為に関する行動」において、とくに第四十二条「軍事的強制措置」および第四十三条「兵力使用に関する特別協定」にあって、国連加盟国にはいわゆる制裁戦争に参加する責任があると規定している。これは日本国憲法第九条に抵触する可能性が大である。しかし、この四十年間、日本政府がおかれてきた状況は、憲法の改正も国連からの脱退もできないということであった。憲法改正と国連脱退のあいだの二者択一は不可能だったのである。

法秩序の変更には時間がかかる。これは単に「三権」のレベルで生じるだけではなく、法秩序の基礎である伝統の形成に時間がかかるという事実に由来することでもある。したがって、国際社会と国内社会に法秩序の上で段差があるとき――それが一般的だ――それを調整する政府の仕事は多かれ少なかれ政治的にならざるをえない。この場合の「政治的」とは、処方箋のない状態のなかで決断を下すというような意味である。これを「統治行為」とよぶべきかどうか私には分明ではないものの、ともかく、国内法にたいする厳格な解釈によっては対処できない状況が国際関係に発生しがちであり、そのいわば混沌《こんとん》を乗り切るのは政府の役割である。

国内法にたいして柔軟な解釈がなされるのなら、こうして政治的難局も回避されよう。国際と国内のあいだの調整のことをわざわざ憲法で規定する必要はないということになろう。しかし国際と国内の段差とはいわば異文化接触のことであり、その種の接触において強直した姿勢を示すのは――とくに日本人にあって――よくあることだ。日本の近代史は、とりわけ昭和の時代に入ってから、異文化接触における強直と、強直ゆえの外交的失敗のあとにやってくる異文化の前での弛緩《しかん》との、交替現象だといってよいくらいのものである。そして近時の「湾岸戦争」はまたしても日本のそういう精神・行動の類型を天下にさらしてしまったのである。＊――もう少し正確にいうと、「湾岸」において日本の外交は「強直」を起こし、「イラク」においてそれは「弛緩」に陥った。つまり日本政府は、前者において対米追随に逡巡《しゅんじゅん》し、後者においてそれに暴走したのである。――＊そうとわかれば、政府のいわば外交的統治における自由度を憲法で明文化しておくほうが無難である。いや、その自由を積極的に引き受けるのが政府の責任だと規定しておいたほうがよい。

そうした政府の自由＝責任は国内世論に様々な葛藤を惹き起こすであろう。政府の外交的統治が停滞したり暴走したりすることもあるであろう。それでよいのである。憲法は崇めるべき聖典ではないし、市民の精神・行動を雁字搦《がんじがら》めにする律法でもない。聖典や律法も必要なのであろうが、それらは憲法とは別のところに据えられるべきである。憲法は市民の世論にたいして基準を与えるものであり、世論とともに生成し発展し没落するいわば言葉の生き物である。この生成・発展・没落の過程にたいしまたとない大きな刺激を与えてくれるのは外交である。

人間の生はなべてそうなのだが、とくに外交は「言葉の勝負」だといってよい。明確な語彙と一貫した筋道を中心に据えながらも、パラドックスとユーモアを適宜に交え、決意と韜晦《とうかい》で相手との距離を測りつつ、国家の触手を言葉によって伸縮させるのが外交である。そのように、いってみれば「背骨のある軟体」であるほかない外交の言葉を、憲法が拘束衣となって、締めつけるのは愚の骨頂だ。それによって結局のところ拘束されるのは世論そのものであり、活力を失った世論によって守られるような憲法は、日本国憲法がまさにそうなっているように、死語や空語からなる言葉の化石に変じていく運命である。

第三項は、しかし、国際関係法は国内法の調整に際しては国内法の相対的優位を認めるほかないことを規定している。現代の国際社会は依然として国家を単位として成り立っている。現在の国連がそうであるように、世界を網羅する国際組織ができたとしても、それは様々な国家の競合し闘争する場所といった域を出ないであろう。国内においても国家とは諸個人および諸集団の競争場であるのだが、そこには統一した法律と安定した慣習がある、少なくともそうした強い傾向がある。ルール（法）の統一性と安定性において国際社会が国家に勝るというような状況は絶対に訪れないと断言してよいのではないか。

法的にみて「人類」が「国民」より優位に立つためには、人種、風土、歴史、言語、習俗などにおける差異が逐次消去されて、世界が均質の社会空間へと向かうときである。だがそんな空間の創出は、不可能である前に、不必要であろう。なぜなら、集団間の差異をめぐって連帯と敵対の入り混った「遊び」さらには「戦さ」をするのが人間というものだからだ。また、完全に均質な社会空間など――人間の自由意思のことを考慮に入れると――ありえないのであってみれば、人々のあいだに残る微差を調停するルールがなければならない。しかし、六十億（編集部注・二〇一九年時点の世界人口は七十七億人）という厖大《ぼうだい》な数の人間のあいだの微差を調整するルールをつくるというのは人間の能力を越えている。たかだか、国民国家という規模での枠組を設定することによって、諸個人のあいだの微差を調停することが可能になろうというものである。

観念的にいえば、人間の意識において人間一般としての普遍性が下層にあり、国民の一員としての類別性が中間にあり、個人としての特殊性が上層にあるということなのであろう。しかし現実的にいって、人間の行動においてはその上下は逆転する。世界連邦を志向するような行為は人間の行動全体の基礎にはなりえないものである。いや、次のようにいうべきかもしれない。国民といい国家といい、それは両面的の存在なのであって、それらは一方で個人にまで分解されていくベクトルと、他方で人類に吸収されていくベクトルをもっている。これら人間にとって不可欠の、しかし互いに逆方向の、ベクトルを総合し平衡させるのが国家であり、就中《なかんずく》、そこにおけるルール体系である。このように考えたとき、国際社会にあっても秩序の起動力は国家にあるとしなければならないのではないか。

いうまでもなく、「国民」なるものの定義は流動的であり、ますます流動的になってきてもいる。とくに人種の国際的移動の結果、国土、歴史、習性あるいは言語はかつてのような截然たる境界をなくしつつあるといってよい。しかし第一章でも触れたように、国際性は世界性と国家性に引き裂かれているのだ。国際化なるものは、物質的にボーダーレス（世界性）になればなるほど精神的にはボーダーフル（国家性）になるという緊張のなかにおかれている。そしてこの国際化における現実的重量としていえば、世界連邦よりも国家のほうが大きいとみるべきであろう。

こうした次第で、国際関係法と国内法のあいだを調整するとき、日本政府は後者に重きをおかざるをえないのである。もちろん、ある種の緊迫した国際関係のなかでは、国内法を傷つけてでも国際関係法に従うことが必要になるかもしれない。この第三項は日本政府の基本姿勢もしくは心構えを示すものにすぎないといってもよい。しかし憲法とは大いにそうした部分を含むものである。日本国憲法のように「条約及び確立された国際法規は、これを誠実に遵守する」といってみても、どの程度の誠実なのか、その誠実は国内法を無視する程度のものであってよいのか、となるとまったく不明である。それとくらべれば、「国内法により多くの考慮を払う」というふうに日本政府の心構えを規定しておくほうがよいと思われる。

第四項は、国際ルールの形成に日本政府が積極的にはたらきかける必要があることをいっている。これは、第一章で述べたように、日本の長期的国益を確保するのに必要なことでもある。日本国憲法は国際法規が日本の努力と無関係のところで「確立」されると想定し、それに「誠実」に順応する必要を唱えている。この点でも、日本国憲法は占領憲法である。国際ルールの形成に貢献する力量を喪失し、そのための機会も奪われた被占領国――というよりも占領軍の前に跪《ひざまず》いた国――だけが国際法規を「マンナ」として、つまり天からの授かり物として、押し頂くわけだ。

国内の場合には、そこにおける伝統の持続性に支えられて、法秩序はどちらかというとスポンタニアス（自主的）に「成る」ものである。しかし国際社会にあっては、そうした伝統の支えがあまりにも脆弱《ぜいじゃく》なため、その法秩序はむしろインテンショナル（意図的）に「創られる」ものである。そしてこの「意図」こそが大問題なのだ。

人間の意図は伝統の知恵に劣る、これが試案の大前提である。伝統なき国際社会にあって意図的にルールを創出することは多大の困難がつきまとうであろう。国際ルールの形成には大国の利己心や小国群の甘え（もしくは卑屈）といった類の要素がたっぷりと含まれるかもしれない。特定の視点や特定の視野でみて合理的とみえる意図も、見方を変えれば、不合理きわまりないということになるかもしれない。ルールの意図的創出は危険な仕事なのである。しかしそれは避けて通れない仕事でもある。日本には、幸か不幸か技術大国になった以上、この危険かつ有益な仕事に積極的に参加する責任がある。国際法規を「誠実に遵守する」だけでは不十分であって、それを「果敢に創造する」必要が高まっているわけだ。

国際ルールが安定したものになるための最重要の条件は、そのルールによって取り仕切られる国際クラブに加盟する国々に最低保障をすることであろう。極度の不均等発展を内包している現在の国際社会で、「国際的シビル・ミニマム」を保障するのは至難といってよい。しかし、当該の国際クラブに属したとて衣食住、医療、運輸通信、教育そして自然環境といった基礎的生活面で最低保障すら得られないとなれば、それはそこにおけるルールへの不信や反発を招かずにはいない。つまり「国際的シビル・ミニマム」は、貧しい国への博愛からというよりも、国際ルールの安定化のために、そしてそれゆえ豊かな国の国益のためにも、必要なのである。「ミニマム以下」で、つまり死の恐怖と直面して、生きている人口のあまりの多きを思うと、「国際的シビル・ミニマム」への努力を憲法で規定するのも「心構え」にとどまる恐れなしとしない。しかしそれを言葉の上でのきれい事に終らせず、なにほどか中味のあるものにしていくのに協力するのは技術大国たる日本の責任である。それは、責任というよりも、国際社会と付き合う際のマナーでありエチケットであると私は思う。

なお、この「国際法規条項」は本来「改正条項」の前におかれるのが適当であろう。

＊――最後に、現憲法第十一章「補則」には、憲法施行当時の暫定措置のことが記されているだけである。試案では、第一章の天皇条項で説明したように、「君が代」を国歌とし「日の丸」を国旗と規定するのは、この補則においてである。さらに、「年号」のことも補則に入れるのが適当かもしれない。それらは国家象徴の「記号的」な表現にかかわるにすぎないという意味で、補則に括られるのである。――＊

以上で私の憲法草案を書き終えたことになる。繰り返しにはなるが、憲法の条文を具体的に示してみたのは憲法思想の論点を明確にするためであって、それ以上のことは法制学上の技術的知識をもたぬ私には叶わぬ話である。いや、私の能力のことなどはどうでもよいとしても、日本国憲法の廃止や改正のことが日本の政治の具体的日程にのぼる可能性は今のところ絶無といってよい。今必要なのは、日本人の一人ひとりが、流行や固定観念によってではなく、自前の良識にもとづいて、みずからの憲法思想を打ち固めることだ。そのための一助として、自分流憲法を書いてみるのも有効であろうと私は思う。要するに本書は、自分たちの国家の根本規範に無関心でおれないような普通の日本人が自分からすすんで憲法論議に参加するよう勧めるための、一つの小さな叩き台にすぎないのである。

叩き台をしつらえてみてつくづく思うのは戦後日本人はこれほどに欺瞞と偽善に満ちた日本国

憲法の上によくもまあ長々と安住してこれたものだということである。欺瞞と偽善をひそやかに呟《つぶや》くのは人間らしい所業ともいえよう。しかし、それを公然と大声で唱えるのはやはり異常の振る舞いである。しかも、これは私自身の経験からいってもおおよそ見当のつくことなのだが、日本人のうち、日本国憲法をきちんと読み通し、それに一貫した分析と判断を加えたことのあるものの割合はごく僅かであるに決っている。それにもかかわらず、過半の日本人が「憲法を守れ」と叫ぶ。自分のよく知らぬこと、よく考えてもいないことについて口幅を大きくするのが大衆民主主義における世論というもののようだ。憲法論議こそはこうした世論に転換を促すための契機になると思われるのである。

大方の日本人が自分らの憲法をよく読んでおらず、それについてよく考えてもいないということそれ自体は、むしろ、当たり前のことといえる。市民が自分らの生活を律するに当たって憲法をつねに参照するのだとしたら、またそうするよう憲法が市民に強要するのだとしたら、そのほうがよほどに奇妙である。なぜといって、憲法規範は市民社会の外部にあるべきものではなく、逆に市民社会の内部において共有される良識が憲法的規範を生み出すのだ。憲法のことが喧《かまびす》しく取り沙汰《ざた》されることそれ自体が市民の共有良識が動揺していることを物語っている。つまり憲法論議とはわれわれの良識を問い質す営みのことにほかならない。

繰り返しになるが、忘れるわけにいかないのは、今上天皇が御即位に際して「日本国憲法を守る」と宣言されたことである。私の憲法論によれば、天皇は超俗的な存在として仮構されている制度であり、それゆえ、俗的な規範にすぎない憲法に直接的に拘束されるものではない。それもそのはず、日本の伝統的精神の流れを象徴するのが天皇だとしたら、そして日本国憲法が日本における伝統破壊に少なからず手を貸しているのだとしたら、天皇であられることと日本国憲法を守ることとのあいだに衝突が生まれてしまうのだ。

今上天皇の御発言そのものよりも、天皇がそのような御発言をなさるよう仕向ける戦後日本の社会的力学が問題なのである。もっといえば、護憲勢力が日本国憲法の第一条に規定されている天皇制を批判しつづけ、そしてついに今上天皇の御発言に護憲勢力が励まされるに至る、という思想の乱脈が問題なのである。

昭和から平成への時代の転換点において、戦後日本を彩ってきた思想の乱脈ぶりはとうとう皇室をも飲み込むほどになり、そして湾岸戦争にたいする対応でみられたように、その乱脈ぶりは国際社会へ向けての恥さらしとしかいいようのない野放図となって拡散しているようである。昭和から平成へという年号の変更にいったいどんな意味があったのか、私には知りようがないものの、この転換点にあって、たしかに、日本の戦後思想は底を割ったのであった。その戦後思想の容器たる日本国憲法は、平和主義をめぐるものにせよ民主主義にかかわるものにせよ、いくつもの罅《ひび》割れを呈している。それらの罅割れをいささかでも広げ、罅割れの数を少しでも増やすことを念じて、私の憲法論をしたためてみた次第である。

＊——このように本書を締め括ってから十三年が過ぎたが、その間日本人の憲法意識はさして

改善されなかった。たしかに、「自衛隊の憲法上の位置を明確にする」とか「集団自衛権の行使を認める」といったことへの国民の理解は深まったようである。しかしそれとて、軍事的な対米追随をやりやすくするための便宜ということにすぎない。その証拠に、日本国憲法を色づけているアメリカニズムは、この間の「構造改革」によって、異常なまでに強められたのであった。したがって改憲論者が急増したといっても、それはアメリカニズムをさらに強化させること、つまり現憲法を完成に向かわせることを狙ったものだとみるほかない。アメリカニズム批判に焦点を絞った本書のような憲法論は、存在意義を高めたのかそれとも存在の余地を与えられなくなったのか、著者としてはもちろん前者だと思いたい。——＊

注

(一) シュミット。Carl Schmitt, 1888～1985。ドイツの公法学者。一九三三年ベルリン大学正教授になり、第二次大戦後は追放され、一九四七年まで獄中にいた。主著は『憲法論』。その公法思想の中心には、「例外状態」における「決断」を重んじる視点が据えられており、それゆえ彼はいわゆる議会制民主主義の機能不全にたいする痛烈な批判者となった。つまり、危機のなかにおける独裁の問題を解明するのがシュミットの主眼であったといってよい。事実的経緯としては、シュミットの公法思想はワイマール共和制の崩壊とナチズム体制の誕生に貢献したということができようが、その公法思想の鋭利と深淵には瞠目《どうもく》すべきものがある。

本文では、『憲法論』の第一章および第二章にもとづいて、「絶対的憲法」（憲法）と「相対的憲法」（憲法律）の区別を援用した。

(二) ノモス主権論。元東京大学教授尾高朝雄が中心となって唱えた説で、法の根本原理たるノモスNomosにこそ主権があるのだとする見方。問題はこのノモスの根拠であるが、それを自然法的に人間のもつ――神の摂理のごとき――理性に関係づけるか、それとも歴史による文化創成力にかかわらせるかとなると、尾高の見方は――そして私のそれも――後者に傾くのである。なお、本文でもふれているように、「主権」ということの意味を、あらゆる規範の依るべき絶対的「権威」ととらえるか、それともあらゆる決定がそこから由来する絶対的「権力」ととらえるかという違いもある。本文では主権という言葉を前者の意味で解釈し、後者のそれにたいしては「決定主権」という言葉を当てはめたわけである。

(三) トックヴィル。Alexis de Tocqueville, 1805～1859。フランスの歴史家――兼政治家――であり、その主著は『アメリカの民主主義』。とくにその書の後半において彼は、アメリカの民主制が、「平均化」された大衆による「画一的」な世論によって、その質的内容が凡庸なものになっていくのを懸念した。いわゆる「多数者の専制政治」である。その意味で、トックヴィルは近代大衆社会論の始祖といわれる。

第四章

日本国憲法と「私の憲法案」

《日本国憲法》

前　文

日本国民は、正当に選挙された国会における代表者を通じて行動し、われらとわれらの子孫のために、諸国民との協和による成果と、わが国全土にわたつて自由のもたらす恵沢を確保し、政府の行為によつて再び戦争の惨禍が起ることのないやうにすることを決意し、ここに主権が国民に存することを宣言し、この憲法を確定する。そもそも国政は、国民の厳粛な信託によるものであつて、その権威は国民に由来し、その権力は国民の代表者がこれを行使し、その福利は国民がこれを享受する。これは人類普遍の原理であり、この憲法は、かかる原理に基くものである。われらは、これに反する一切の憲法、法令及び詔勅を排除する。

日本国民は、恒久の平和を念願し、人間相互の

《改正試案》

前文

一九九×年（＊―― 二〇〇X年 ――＊）、日本市民を代表するわが憲法制定会議は、被占領体制にあって占領軍の指導により制定された日本国憲法を根本的に改正し、日本国家および日本市民の活動にたいし新たな規範を示すため、ここに新日本国憲法を制定する。

新日本国憲法は国民主権主義に立脚する。日本国民とは日本の伝統の中心にある人間および社会にかんする根本規範をこれまで担ってきた日本の人々およびこれからも担おうとする日本の人々のことであり、この人々にこそ主権が存する。日本市民は、自分らの決定を下すに当たって、国民の主権の下に服さなければならない。

それゆえわが国政は、その正統性にかかわる権

関係を支配する崇高な理想を深く自覚するのであつて、平和を愛する諸国民の公正と信義に信頼して、われらの安全と生存を保持しようと決意した。われらは、平和を維持し、専制と隷従、圧迫と偏狭を地上から永遠に除去しようとして努めてゐる国際社会において、名誉ある地位を占めたいと思ふ。われらは、全世界の国民が、ひとしく恐怖と欠乏から免かれ、平和のうちに生存する権利を有することを確認する。

われらは、いづれの国家も、自国のことのみに専念して他国を無視してはならないのであつて、政治道徳の法則は、普遍的なものであり、この法則に従ふことは、自国の主権を維持し、他国と対等関係に立たうとする各国の責務であると信ずる。

日本国民は、国家の名誉にかけ、全力をあげてこの崇高な理想と目的を達成することを誓ふ。

威を日本の伝統を担うものとしての国民に発し、その有効性にかかわる権力を市民の信託にもとづいてその代表者が行使し、それによってもたらされる物質的および精神的な富を市民が享受する。これが国民主権主義にもとづく市民統治の政治原理であって、新日本国憲法はその政治原理を保守するものである。したがってわが憲法制定会議は、現在および将来の日本市民にたいし、日本国民の権威に従いつつ市民統治の権力を有効に発揮するよう要望する。

またわが憲法制定会議は国際社会に平和が到来するよう切望し、それゆえ、日本の対外的な権力は無制限ではありえず、他国の権力との調整が必要であるとみなす。この国家権力制限主義にもとづく国際的調整は国際社会の平和にとってのみならず日本社会の繁栄にとって不可欠である。したがって日本市民はその調整をより円滑にするため国際ルールの形成に貢献しなければならない。

わが憲法制定会議は対内的には国民主権主義と市民統治主義を、そして対外的には国家権力制限主義をそれぞれ政治の原理とし、以下、これらの原理を憲法条文のうちに敷衍し、日本市民にその遵守を要求するものである。

第一章　天皇

第一条　天皇は、日本国の象徴であり日本国民統合の象徴であつて、この地位は、主権の存する日本国民の総意に基く。

天皇は日本国民の伝統の象徴であり、したがって日本市民の統合の象徴である。

天皇は日本国の文化的代表であり、したがってそれに相応した文化的儀式を執り行う。

天皇の地位は日本国民の歴史的総意にもとづくものであり、したがって日本市民がその地位とその権能について決定を下すに当たっては*——年号を指定する義務をはじめとして——*日本

第二条

皇位は、世襲のものであつて、国会の議決した皇室典範の定めるところにより、これを継承する。

第四条第一項

天皇は、この憲法の定める国事に関する行為のみを行ひ、国政に関する権能を有しない。

第八条

皇室に財産を譲り渡し、又は皇室が、財産を譲り受け、若しくは賜与することは、国会の議決に基かなければならない。

の伝統からの制限を受ける。

天皇は、皇室に直接的にかかわる公事については、皇位継承のことをはじめとして、すべて内閣の助言を受けつつ皇室の慣習に従ってそれを執り行う。

天皇は、政治にかかわる国事については、この憲法によって定められる文化的儀式のみを行う。

皇室が市民から財産を譲り受ける場合、あるいは市民に財産を賜与する場合、内閣の助言と承認を必要とする。

第二章　戦争の放棄

第九条

日本国民は、正義と秩序を基調とする国際平和を誠実に希求し、国権の発動たる戦争と、武力による威嚇又は武力の行使は、国際紛争を解決する手段としては、永久にこれを放棄する。

前項の目的を達するため、陸海空軍その他の戦力は、これを保持しない。国の交戦権は、これを認めない。

第三章　国民の権利及び義務

第十一条

日本市民には日本国家の独立と安全を保つ義務が課せられる。

その義務を全うするため日本政府は国防軍を形成し保持しなければならない。

国防軍は他国にたいする侵略的な目的のためにその戦力を使用してはならない。また国防軍は、＊――予防的先制攻撃のことを含めて――＊自衛のための軍事行動を準備し実行するに当たり、集団的自衛や国際的警察を含めて国際協調に最大限の配慮をしなければならない。

国防軍の最高指揮権は内閣総理大臣に属する。

国民は、すべての基本的人権の享有を妨げられない。この憲法が国民に保障する基本的人権は、侵すことのできない永久の権利として、現在及び将来の国民に与へられる。

あらゆる日本市民は基本的自由の享有を妨げられないと同時に、基本的責任の遂行を免れえない。

第十二条

この憲法が国民に保障する自由及び権利は、国民の不断の努力によつて、これを保持しなければならない。又、国民は、これを濫用してはならないのであつて、常に公共の福祉のためにこれを利用する責任を負ふ。

あらゆる日本市民は基本的自由を享受し、また基本的責任を遂行するに当たって、法の秩序に従わなければならない。

この法の秩序のうちには公共の福祉にかんする日本の伝統的な基準を守ることも含まれる。

第十三条

すべて国民は、個人として尊重される。生命、自由及び幸福追求に対する国民の権利については、公共の福祉に反しない限り、立法その他の国政の上で、最大の尊重を必要とする。

すべての市民は法の下における自由を、自己においてのみならず他人についても、最大限に尊重しなければならない。

人身の安全を求める自由、居住・移転および職業を選択する自由、財産を私有する自由そして信教、言論、出版、結社、集会、学習および教育の表現活動にかかわる自由という四種の自由は、基本的自由として、すべての市民に保障される。
　また、国防に参加する責任、税金を納める責任、子供に教育を受けさせる責任そして法の秩序に従う四種の責任は、基本的責任として、すべての市民に課される。

第十四条第一項

すべて国民は、法の下に平等であつて、人種、信条、性別、社会的身分又は門地により、政治的、経済的又は社会的関係において、差別されない。

日本市民が自由を発揮したことにたいする報償と日本市民が責任を果たさないことにたいする制裁はすべて法によって律せられる。
　すべての日本市民は法の下に平等であって、個人の能力によるほかは、人種、信条、性別、身分または家柄によって差別されるようなことはない。

第十五条第一項 公務員を選定し、及びこれを罷免することは、国民固有の権利である。	日本市民は、法律によって定められた種類の公務員にかんし、法律にもとづいて、これを投票によって選出しなければならず、またそれを投票によって罷免することができる。
第十八条 何人も、いかなる奴隷的拘束も受けない。又、犯罪に因る処罰の場合を除いては、その意に反する苦役に服させられない。	（削除）。
第十九条 思想及び良心の自由は、これを侵してはならない。	（削除）。
第二十条 信教の自由は、何人に対してもこれを保障する。	日本政府は国教を定めてはならない。また政党

いかなる宗教団体も、国から特権を受け、又は政治上の権力を行使してはならない。
何人も、宗教上の行為、祝典、儀式又は行事に参加することを強制されない。
国及びその機関は、宗教教育その他いかなる宗教的活動もしてはならない。

活動および市場取引にかかわる宗教団体に特権を授けてはならない。
何人も宗教団体が中心となって催す儀式に参加することを強制されない。
日本政府は宗教教育のごとき積極的な宗教活動をしてはならない。

第二十一条
集会、結社及び言論、出版その他一切の表現の自由は、これを保障する。
検閲は、これをしてはならない。通信の秘密は、これを侵してはならない。

市民の表現の自由にかかわる法の秩序にあって、日本政府は、政府および市民の通信秘密が侵されることを禁止するとともに、政府が検閲を行うことの弊害および市民のプライバシーが破られることの弊害にたいして最大限の配慮をなさなければならない。

第二十三条
学問の自由は、これを保障する。

（削除）。

第二十五条第一項 すべて国民は、健康で文化的な最低限度の生活を営む権利を有する。	日本政府はすべての日本市民および日本に長期に滞在する外国人にたいし健康的で文化的な生活にかんする最低水準を保障するよう最大限の努力をしなければならない。
第二十六条第二項 すべて国民は、法律の定めるところにより、その保護する子女に普通教育を受けさせる義務を負ふ。義務教育は、これを無償とする。	すべての市民は、法律の定めるところにより、その保護する子弟に普通教育を受けさせなければならない。
第二十七条第一項 すべて国民は、勤労の権利を有し、義務を負ふ。	（削除）。
第二十九条 財産権は、これを侵してはならない。 財産権の内容は、公共の福祉に適合するやうに、法律でこれを定める。	市民の財産私有の自由にかかわる法の秩序にあって、日本政府は、社会のシビル・ミニマムが侵害されることのないよう、最大限の配慮をしなけ

私有財産は、正当な補償の下に、これを公共のために用ひることができる。

ればならない。

日本政府は、市民の私有財産を社会のシビル・ミニマムを保障するために用いるとき、その財産保有者に正当な補償をなさなければならない。

第三十条

国民は、法律の定めるところにより、納税の義務を負ふ。

市民の納税責任にかかわる法の秩序にあって、日本政府は社会のシビル・ミニマムが侵害されることのないよう、最大限の配慮をしなければならない。

第三十三条〔逮捕の要件〕、**第三十四条**〔抑留・拘禁の要件、不法拘禁に対する保障〕、**第三十五条**〔住居の不可侵〕、**第三十六条**〔拷問及び残虐刑の禁止〕、**第三十七条**〔刑事被告人の権利〕、**第三十八条**〔自己に不利益な供述、自白の証拠能力〕、**第三十九条**〔遡及処罰の禁止、一事不再理〕、**第四十条**〔刑事補償〕。

〔削除〕。　　〔刑法等、法律に委ねる〕

第四章　国会

第四十一条 国会は、国権の最高機関であつて、国の唯一の立法機関である。	（国家権力の最高機関は、三権のあいだの依存と独立の構造そのものである）意とする。
第四十二条 国会は、衆議院及び参議院の両議院でこれを構成する。	国会は、衆議院でこれを構成する。
第四十三条第一項 両議院は、全国民を代表する選挙された議員でこれを組織する。	衆議院は、全国民を代表する選挙された議員でこれを組織する。
第五十四条第二項後半および第三項 （衆議院が解散されたときは、参議院は、同時に閉会となる、但し、）内閣は、国に緊急の必要が	緊急事態が宣せられた場合、国会の会期は、国会の議決でその継続延長ができるものとする。ま

あるときは、参議院の緊急集会を求めることができる。

前項但書の緊急集会において採られた措置は、臨時のものであつて、次の国会開会の後十日以内に、衆議院の同意がない場合には、その効力を失ふ。

た、国会議員の任期満了後または衆議院の解散後に緊急事態が宣言された場合、あらたに国会が成立するまでのあいだ、前の国会が引きつづきその権限を行使するものとする。

第五章　内閣

第六十六条第一項

内閣は、法律の定めるところにより、その首長たる内閣総理大臣及びその他の国務大臣でこれを組織する。

内閣は、法律の定めるところにより、その首長たる内閣総理大臣、その副首長たる内閣副総理大臣およびその他の国務大臣でこれを組織する。

第七十三条（内閣の職務、一〜七）。

（その八）を追加。

緊急事態を決定し、それを宣言すること。

第六章　司法

第七十九条第二項

最高裁判所の裁判官の任命は、その任命後初めて行はれる衆議院議員総選挙の際国民の審査に付し、その後十年を経過した後初めて行はれる衆議院議員総選挙の際更に審査に付し、その後も同様とする。

（削除）。

第七章　財政

第八十三条（財政処理の基本原則）。

（第二項および第三項）を追加。

緊急事態宣言が発せられた場合には、内閣は国会の議決を経ずに財政を処理することができる。

ただしその処理について、内閣は事後に国会の承諾を得なければならない。

第八十八条

すべて皇室財産は、国に属する。すべて皇室の費用は、予算に計上して国会の議決を経なければならない。

皇室の費用については内閣がそれらを管轄し、その結果を国会に報告しなければならない。

第八十九条

公金その他の公の財産は、宗教上の組織若しくは団体の使用、便益若しくは維持のため、又は公の支配に属しない慈善、教育若しくは博愛の事業に対し、これを支出し、又はその利用に供してはならない。

（削除）。

第八章　地方自治

第九十五条

一の地方公共団体のみに適用される特別法は、法律の定めるところにより、その地方公共団体の住民の投票においてその過半数の同意を得なければ

特定の地方公共団体に適応される特別法は、国会の投票で五分の三、そして地域住民投票で五分の二の同意を必要とする。

ば、国会は、これを制定することができない。

第九章　改正

第九十六条第一項

この憲法の改正は、各議院の総議員の三分の二以上の賛成で、国会が、これを発議し、国民に提案してその承認を経なければならない。この承認には、特別の国民投票又は国会の定める選挙の際行はれる投票において、その過半数の賛成を必要とする。

この憲法の改正が許されるのは第四章から第九章までの部分にかぎられる。

この憲法の改正は、国会の三分の二以上の賛成で、内閣がこれを発議し、市民投票の過半数によって承認されなければならない。

第十章　最高法規

第九十七条〔基本的人権の本質〕

（削除）。

第九十八条第一項〔憲法の最高法規性〕

（削除）。

第九十八条第二項

日本国が締結した条約及び確立された国際法規は、これを誠実に遵守することを必要とする。

日本政府および日本市民は日本政府の締結した条約および国際社会において確立されている国際法規を守らなければならない。

条約および国際法規と日本の法秩序とのあいだに不一致が見出されたとき、それを調整するのは日本政府の責任である。

その調整に当たり、日本の憲法・法律を改正しないあいだは、条約および国際法規にたいしてよりも日本の法秩序にたいして多くの考慮を払わなければならない。

日本政府には、国際秩序を安定させるため、とくに国際社会における国際的シビル・ミニマムを達成するため、よき国際法規の形成に努力する責任がある。

第九十九条〔憲法尊重・擁護の義務〕

（削除）。

第十一章　補則

（国旗・国歌）を追加。

日本国の国旗は「日の丸」、国歌は「君が代」とする。

あとがき

憲法というものにかんする「感覚と意識」は国民の精神に内在するものでなければならない。なぜなら、憲法は国民の（価値感覚にもとづく規範意識の）常識を、不文においてにせよ成文においてにせよ、確認するものだからである。ここでコモンセンス（常識）というのは、現在において国民が空間的（つまり社会的）のみならず、時間的（つまり歴史的）にも共通《コモン》に保有する価値および規範のことである。憲法が国民の常識を規定するのではなく、国民の常識が憲法を産出するのだ。

この一点を押さえておけば、耳傾けることであり、次に、憲法の条文のどこかがその常識から甚だしく逸脱しているならば、その条文を死文とみなすことでなければならない。たとえば、自衛隊の存在を容認し肯定するのが国民の長きにわたる常識になっているのなら、（現憲法第九条第二項にみられるような）戦力不保持・交戦権否認の規定は反故となるということである。「日本国憲法は自衛隊（を承認する国民の常識）に違反している」といえるかどうか、それが憲法を国家の歴史の流れ、そこで形成され来たった慣習の制度、それに内包されている伝統の英知にもとづかせうるか否かの試金石だといえよう。

事は第九条のことに限られない。現憲法の前文における人民主権主義（第一項）、平和主義（第二項）そして国際主義（というよりも世界連邦主義、第三項）、さらには人権主義（第十一条）や個人主義（第十三条）など、その基幹部分のすべてを常識の見地から疑わなければならなくなっている。つまり、「デモクラシー（民衆政治）がオクロクラシー（衆愚政治）の形態をとる」という戦後日本の推移のなかで、日本国憲法は、歴史・慣習・伝統を引き受ける者たちとしての「国の民《ナショナル・ピープル》」の常識から大きく逸脱してすでに久しいのである。それもそのはず日本の「戦後」とは、みずからの歴史・慣習・伝統をないがしろにするヴァンダリズム（文化破壊の野蛮行為）の半世紀余りのことにほかならなかったのだ。

アプレゲール（大戦後派）に特有の自己不信、その国民精神の退廃にこそ自己不信を差し向けなければならない。そのように構える者は、是非もなく、「戦後の聖典」とされてきた日本国憲法を破壊しなければならない。そしてそれは同時に、その憲法を染め上げているアメリカニズムに思想的挑戦を企てることでもある。いわゆる「親米派」に属することに何の恥辱も感じないままに日本国憲法に悪罵《あくば》を投げつける、この現代日本に広くみられる「戦後の総決算」や「一億総保守化」の傾向もまた国民精神の退廃にほかならない。アメリカニズムを払拭《ふっしょく》せずには「戦後」から脱け出ることはできないし、日本の「国柄」を保守することも叶わない、とみるのが常識というものなのである。そのように考えて私は、アメリカニストたちの催す改憲会議などには参加しないことにしている。

ここでアメリカニズムとよんでいるのは、人工的観念の上に国家を設計せんとするという意味でのレフティズム（左翼主義）の基本型のことである。つまり、「個人の自由」と「技術の合理」という両脚で左翼方面へと疾走する異形の国家、それがアメリカである。だから、かの冷戦構造とは、個人主義派の左翼国家であるアメリカと社会主義派のそれであるソ連との確執であったのだ。それを保守と革新あるいは反左翼と左翼のあいだの抗争と誤認してきた戦後知識人には、現憲法の改正について喋々《ちょうちょう》する資格はないといわざるをえない。

このような見地に立って本書は書かれた。今から十三年前のことである。自分から申し述べるのは気恥ずかしいが、ともかく、それを読んで下さった方々からは好評を頂戴したといってよいであろう。しかし、私の書物にさほど多くの読者がつくはずもない。『私の憲法論』（旧著の題名・徳間書店刊）は、その存在すらが忘れられるという成り行きになるに違いない、と私は思っていた。ところが、旧著を発行してくれた出版社にかつておられた岩崎氏から「改訂版を出さないか」との誘いがやってきた。実に嬉しい御申し越しであって、さっそく――修正はほとんど皆無であったが――追加の文章を随処に挿入して本書と相成ったわけである。岩崎氏に深く感謝するとともに、そろそろ本格的になろうとしている我が国の改憲論議に本書が何がしかの貢献ができればと深く念じる次第である。

平成十六年三月十五日

西部　邁

参考文献

所与の憲法および法律にかんする文章解釈としての法実証主義を越えて、憲法問題を思想現象としてとらえる筆者の立場からすれば、さしあたり、以下の参考文献を挙げるだけで十分であろう。

護憲論としては、

『憲法講義（上、下）』、小林直樹、東京大学出版会、一九八〇年（上）、一九八一年（下）。護憲論について詳しく知りたいものは当書に厖大な数の護憲文書が示されているので、それらを読めばよい。

改憲論としては、

『現代の憲法問題と改正論』、竹花光範、成文堂、一九八六年。
『日本国憲法の誕生を検証する』、西修、学陽書房、一九八六年。
『新・日本国憲法草案』、中川八洋、山手書房、一九八四年。

外国の憲法についいては、

『世界諸国の憲法集（第一巻、第二巻）』、木下太郎編、暁印書館、一九七八年（第一巻）、一九八五年（第二巻）。

思想家の立場から憲法制定過程に疑義を呈出したものとして、

『當用憲法論』（福田恆存全集第六巻所収）、福田恆存、文藝春秋、一九六五年。

『一九四六年憲法——その拘束』、江藤淳、文藝春秋、一九八〇年。

憲法なるものの根本原理を剔抉《てっけつ》するものとして、

『憲法論』（Verfassungslehre）、カール・シュミット（C. Schmitt), 1928, 阿部照哉・村上義弘訳、みすず書房、一九七四年。

なお、拙著は筆者の十年来の保守思想を憲法問題に応用してみたものだといって差し支えない。そうした筆者の考え方に関心をもたれる読者は、本書末尾の「著書略歴」に記された拙著のうち『大衆への反逆』、『幻像の保守へ』、『大錯覚時代』、『白昼への意志——現代民主政治論』、『戦争論』あたりに眼を通して下されば有難い。

解説

『わが憲法改正案』を、今こそ読む意義

富岡　幸一郎

憲法改正は日本人の心の問題

西部邁の『わが憲法改正案』が、今ふたたび刊行されることの意義は大きい。ビジネス社から本書が刊行されたのは2004年であるから、すでに16年の歳月が過ぎているが、この間、安倍晋三内閣によって憲法改正が政治的プログラムの俎上に乗せられはしたが、実際には改憲への道すじは全くといっていいほど立ってはいない。自由民主党は結党時からその綱領に自主憲法制定を掲げてきたが、実現されず今日に至っている。

平成の30年間、冷戦の終結という世界史的な出来事があったにもかかわらず、我々はアメリカ合衆国に従属するという第二次大戦後の「戦後」体制を自ら脱却することをせず、むしろアメリカにひたすらに追随してきた。「日米同盟」という奇妙な用語が象徴するように、「同盟」の名のもとに従属は深まったのであり、独立国としては外国の軍隊の駐留という例外状態のまま、自衛

隊の存在を憲法の条文に明記できぬ、半ば被占領状況ともいうべきものを、そのままに放置してきた。

西部邁は保守派の思想家として、政治・社会・経済・文化の幅広い分野に常にチャレンジングな言論戦を展開してきたが、その言動の根本にあったのは、戦後のわが国が本来取り戻すべき自国の権利――福沢諭吉のいう「国風」を回復すべし、との主張であった。占領下に戦勝国であるアメリカによって作られた日本国憲法を、日本人の手によって改正することは、そのための重要かつ不可欠な手段である。それはたんに憲法典の問題ではなく、本書のサブタイトルにあるように、日本人の「心」の問題に他ならない。

だからこそ、九条の改正がいわゆる二項、《前項の目的を達するため、陸海空軍その他の戦力は、これを保持しない。国の交戦権は、これを認めない》を残したまま、自衛隊の存在を認める条項を入れる「加憲」論などが飛び出してくる現状が、いかにナショナル・ピープル、つまり「国の民」としての日本人の常識から逸脱した政治的なごまかしであることを、今日改めて深く自覚する必要がある。西部版「改正案」こそは、歴史と伝統に基づく日本人の国民精神の再生のための、貴重な指南書なのである。

日本国憲法の正体はフランス革命思想

「あとがき」で著者はこう明言している。

《アプレゲール（大戦後派）に特有の自己不信、その国民精神の退廃にこそ自己不信を差し向けなければならない。そのように構える者は、是非もなく、「戦後の聖典」とされてきた日本国憲法を破壊しなければならない。そしてそれは同時に、その憲法を染め上げているアメリカニズムに思想的挑戦を企てることでもある》

アメリカニズムとは何か。それは人間の「自由」というものを至上価値とする近代思想である。そもそもこれはフランス革命の「人権宣言」に基づくヒューマニズムを普遍的なものとし、進歩史観によって伝統を破壊するのを良しとする革命思想である。アメリカ合衆国はこの「革命」を体現した国家であり、日本国憲法の最大の問題（欠陥）は、軍隊と交戦権を否定した九条以上に、アメリカの軍人たちが占領下の日本を実験場として、このフランス革命の思想を日本人に注入したことである。

具体的にいえば、憲法第十一条の「基本的人権」である。西部邁は、この「人権」という言葉にこめられた「人間であること自体に権利が発生するとみなされている」その思想を問題視する。そして、《……人間は「生まれながらにして」「正しい」状態に限りなく近づく性向を有しており、それゆえ人間には「天賦の」権利が与えられるべきだというのが人権思想だといって間違いではない》と指摘する。

これは大切なことであり、西洋思想においても「自由」をめぐる論争は永く続いてきたのであり、宗教改革のマルティン・ルターなどはキリスト教の原罪論に基づき人間の「自由」意志は「正しい」ものではなく、むしろ悪へと傾斜する奴隷的意志であると厳しく断じた。西部邁はそうした西洋の伝統的思想や宗教にも通じていたので、『人権宣言』などの「自然法的な意味」を糺さずにはおかなかったのである。

《たとえば、（日本国憲法第十一条の）「侵すことのできない永久の権利として、現在及び将来の国民に与へられる」、というのは自然法思想でないとしたらいったい何であろう。不可侵の永久権利、それがすなわち自然権なのである。占領軍は天賦のものとしての自然権を戦前の専制政治の障害を排して日本市民に授与し、そして日本市民はそれら自然権を生得のもの、つまり一切の国家規範や社会道徳に先行する基本的権利とみなして、その神聖不可侵を主張するという段取りである》（「第三章　日本国憲法かく改正すべし」）。

このような日本国憲法にもられた「基本的人権」の概念のもつ本質的な問題性にまで言及しているところに、本書の醍醐味があるといっていいだろう。この憲法がただ占領下に米軍によって作成され、それを日本人が押しいただいたという歴史的事実が問題だけなのではなく、アメリカの憲法作成者たちがニューディールのソフト・ソーシャリズムの路線に立って、たった六日間で書き記した草案の、その根っ子にある西洋の近代主義思想の孕《はら》む倒錯を見事に指摘しているからである。

もちろん、著者は「西欧近代化の表裏」についてもしっかりと言及しており、西洋の近代思想史には「近代主義への懐疑」があるとして、フランス革命を批判したエドマンド・バークや、無神論としてのヒューマニズムを批判したキルケゴールなどの名前を列挙している（「第一章　なぜいま憲法論議なのか」）。

保守思想とは、一切の改革を否定しひたすらに伝統回帰をうながすものではない。明治維新による文明開化、西洋の文物を受け容れ、近代化を急いだことを拒否することではない。伝統と近代の調和、その国の歴史に根ざすかたちでの近代化とは何かを常に問い直すことにこそ、保守思想の要諦がある。

戦後に日本人が受け容れた、というより自らの国の歴史・慣習・伝統を自身で破壊するかのように飛びついたアメリカニズムという極端な近代主義を徹底して疑ってみること。日本国憲法とは、このアメリカニズムを金科玉条のものとした象徴に他ならない。したがって、この憲法の根本を否定してみせることとは、戦前への回帰を意味しない。明治以降のひたすらの西洋近代化の道も、当然のことながら我々自身によって懐疑され、反省され、問われねばならない。加えれば、マルクス主義、ソ連という社会主義国家を生んだ思想もまた西洋の極端な近代主義が生み出したものであり、戦後日本における左派と右派の対立とは、アメリカへの追随を現実路線としてきた近代主義と、ソヴィエト的な社会主義という近代主義の対立にすぎないといえる。

非常事態に対応できない現状を見よ

西部邁は一九六〇年の安保闘争において全学連の主導者の一人であったことから、「反米愛国」

思想の信奉者のように見られることがあったが、それは全くの誤解、いや曲解である。左翼ラディカリズムから、保守派へと転向したという見方も誤りである。『六〇年安保　センチメンタル・ジャーニー』を読めばあきらかなように、西部邁は戦後日本（人）が、「平和」や「自由」や「民主主義」や「ヒューマニズム」として礼賛したもの全てが、ただアメリカによって押し付けられたものではなく、日本人自身が自己を否定するようにして受け容れた近代主義の別名であり、自己欺瞞に他ならないことを、一貫して批判してきたのである。憲法九条の解釈改憲などは、その典型のひとつに過ぎない。それは道義の頽廃すなわち日本人の「心」の腐敗を生んできたのであり、今、それは誰もが目に見える形で直面している現実に如実である。

つまり、現下の日本および世界は非常事態のなかにある。いうまでもなく、新型コロナウイルス（中国の武漢から発生した肺炎であるから、正確には「武漢ウイルス」と呼ぶべきであろう）の感染拡大が全世界へと拡がっているからだ。東京オリンピックは延期と決まり、パンデミックによって世界経済は2008年のリーマン・ショックをしのぐ打撃を受けている。感染者と死者の急増を受けて欧米の各都市では封鎖（ロックダウン）が行われ、人々の姿が街から消えた。この原稿を書いている3月26日現在、東京都は外出の自粛要請を出したが、驚くべきことは、この国には非常事態条項がそもそも憲法に明記されてはいないのであるから、法的な強制力はないのである。特別措置法による緊急事態宣言はあり、これによって代替的に法的な規制をできるからよいとの見解があるが、とんでもないことである。「緊急（事態）」と「非常（事態）」との言葉の区別もできなくなったのが、戦後の日本であり日本人なのである。緊急は、エマージェンシーであり、迅速かつ的確に対処することでどうにか制御、収拾できる事態であるが、非常とはクライシスすなわち危機的な状況であり、人間の対応能力を超えた収拾できない可能性もある事態のことである。

国家は、本来ならばこの「非常」の事態に備えなければならないし、国の憲法には当然のことながら、この予想を超えたクライシスへの対処すべき非常事態条項がなければならない。しかし、日本国憲法のどこを見ても、この「非常」時にたいする備えはないのである。

『わが憲法改正案』のなかで、「緊急」という言葉が出てくるのは、憲法第五十四条の二項および三項、しかも「たまたま衆議院の解散中に審議・決定すべき政治課題が何か起こる」という程度のことしか想定していないと指摘されている。再度いうが、これは本来、驚くべきことである。しかし、欧米ではすでに「これは戦争である」といわれている今回の非常事態にあっても、日本人は自らが70有余年以上も「守ってきた」憲法の実態すら、直視しようともせず、ただうろたえているだけなのである。

西部邁は、だからこう断言する。

《ここまでくると日本国憲法はまぎれもなく占領憲法だとわかる。占領軍の「押し付け」とか日本のがわの「押し頂き」とかいうことではなく、日本に起こりうべき非常事態にたいしては、占領軍がそれに対処するものと想定されているということだ。(中略) 国家の秩序そのものが危殆に陥るような緊急事態には占領軍が出向き、その間、日本人は総選挙をやっているという光景は、

まるで揺籠にまどろむ幼児の姿である》

我々はすでに九年前に、この「事態」に遭遇している。東日本大震災である。あの時も、日本人は日本国憲法に非常事態条項がないことに気がついたはずである。もちろん、災害対策基本法というのがあり、政府は甚大な災害時などに緊急政令を出して対処することができることになっている。しかし、3・11の危機にさいして当時の菅直人首相は、国会が開会中であり、緊急政令を発動すれば「戒厳令のようで必要ない」という理由から、緊急政令の発動を見送ったのである。大災厄のときにこのような首相をいただいていたことは不幸の極み（阪神大震災のときの村山内閣もしかり）としかいいようがないが、むろん真の問題は、現行憲法に致命的な欠陥があることだ。

戦後日本は、「平和と安全」を守ることを米国および米軍にまかせてきたのであり、内乱や戦争などの非常事態の時には「占領軍」が対応することになっているからである。そのことは日本国憲法の「前文」にいうまでもなく麗々しく記されているではないか。《日本国民は、恒久の平和を念願し、人間相互の関係を支配する崇高な理想を深く自覚するのであつて、平和を愛する諸国民の公正と信義に信頼して、われらの安全と生存を保持しようと決意した》と。日本人は、この敗戦憲法をかくも永く抱きしめて、自国の「安全と生存」を他人まかせにし、「自立と自尊」の矜持《きょうじ》を持つことなくきたのである。

本年の憲法記念日（5・3）を、我々は「武漢ウイルス」の恐怖のなかでむかえることになるだろう。西部邁の『わが憲法改正案』は、今こそ読まれなければならないと思う。

富岡 幸一郎（とみおか・こういちろう）

1957年東京都生まれ。文芸評論家、関東学院大学国際文化学部比較文化学科教授、鎌倉文学館館長。中央大学文学部仏文科卒業。1979年、「意識の暗室 埴谷雄高と三島由紀夫」で第22回群像新人文学賞評論優秀作受賞。西部邁の個人誌「発言者」と後継誌「表現者」に参加し、「表現者」編集長を務める。『戦後文学のアルケオロジー』、『内村鑑三 偉大なる罪人の生涯』、『使徒的人間 カール・バルト』、『川端康成 魔界の文学』、『生命と直観 よみがえる今西錦司』ほか著書多数。

●著者略歴

西部邁（にしべ・すすむ）

1939年北海道生まれ。思想家、評論家。東京大学大学院経済学研究科修士課程修了。横浜国立大学助教授、東京大学教授などを歴任。東京大学教授を88年に辞任。執筆活動のほかテレビなどでも活躍。2017年10月まで雑誌『表現者』顧問を務める。著書に『経済倫理学序説』（中公文庫、吉野作造賞）、『生まじめな戯れ』（ちくま文庫、サントリー学芸賞）、『サンチョ・キホーテの旅』（新潮社、芸術選奨文部科学大臣賞）など多数。2018年1月21日に逝去。本書のあとがきで紹介している著作と出版社名『大衆への反逆』『幻像の保守へ』（いずれも文藝春秋）、『大錯覚時代』（新潮社）、『白昼への意志——現代民主政治論』（中央公論社）、『戦争論』（日本文芸社、のちに角川春樹事務所）。

わが憲法改正案〔新版〕

2020年5月1日　第1刷発行

著　者　西部　邁
発行者　唐津　隆
発行所　株式会社ビジネス社
〒162-0805 東京都新宿区矢来町114番地
神楽坂高橋ビル5階
電話 03（5227）1602　FAX 03（5227）1603
http://www.business-sha.co.jp

〈装丁〉上田晃郷
〈本文組版〉茂呂田剛（エムアンドケイ）
〈編集担当〉本田朋子　〈販売担当〉山口健志

印刷・製本／株式会社廣済堂
乱丁，落丁本はおとりかえいたします。
ISBN978-4-8284-2180-3